知的生きかた文庫

英語と日本語で読む
「武士道」

新渡戸稲造
奈良本辰也　訳
新渡戸稲造博士と武士道に学ぶ会　編

三笠書房

英語と日本語で読む 武士道 目次

新渡戸稲造

対訳編

第一版への序文【Preface to the First Edition】　8

第1章　武士道とは何か
【Bushido as an Ethical System】　16

第2章　武士道の源をさぐる
【Sources of Bushido】　26

第3章　「義」——武士道の光り輝く最高の支柱
【Rectitude or Justice】　36

第4章　「勇」——いかにして肚を錬磨するか
【Courage, the Spirit of Daring and Bearing】　44

第5章　「仁」——人の上に立つ条件とは何か
【Benevolence, the Feeling of Distress】　54

第6章　「礼」——人とともに喜び、人とともに泣けるか
【Politeness】　64

第7章　「誠」——なぜ「武士に二言はない」のか？
【Veracity and Sincerity】　76

第8章　「名誉」——苦痛と試練に耐えるために
【Honour】　86

第9章 「忠義」——人はなんのために死ねるか
【The Duty of Loyalty】 96

第10章 武士は何を学び、どう己を磨いたか
【The Education and Training of a Samurai】 108

第11章 人に勝ち、己に克つために
【Self-Control】 124

第12章 「切腹」——生きる勇気、死ぬ勇気
【The Institutions of Suicide and Redress】 132

第13章 「刀」——なぜ武士の魂なのか
【The Sword, the Soul of the Samurai】 144

第14章 武士道が求めた女性の理想像
【The Training and Position of Woman】 154

第15章 「大和魂」——いかにして日本人の心となったか
【The Influence of Bushido】 168

第16章 武士道は甦るか
【Is Bushido Still Alive?】 180

第17章 武士道の遺産から何を学ぶか
【The Future of Bushido】 190

知識ノート編

新渡戸稲造の生涯(一)
新渡戸稲造はどんな人物だったのか　　206

新渡戸稲造の生涯(二)
新渡戸稲造に影響を与えた人々　　218

武士はいつどのように発生したのか　　224

武士道はいつどのように誕生したのか　　228

武士道の思想のルーツはどこからきているか　　234

武士が武士道を学んだ一冊　　240

編集協力
◆ 川島淳子

写真提供
◆ 十和田市立新渡戸記念館
◆ 福山誠之館同窓会
◆ ウィキメディア・コモンズ

武士道

対訳編

第一版への序文
PREFACE TO THE FIRST EDITION

ABOUT ten years ago, while spending a few days under the hospitable roof of the distinguished Belgian jurist, the lamented M. de Laveleye, our conversation turned during one of our rambles, to the subject of religion. "Do you mean to say," asked the venerable professor, "that you have no religious instruction in your schools?" On my replying in the negative, he suddenly halted in astonishment, and in a voice which I shall not easily forget, he repeated "No religion! How do you impart moral education?" The question stunned me at the time. I could give no ready answer, for the moral precepts I learned in my childhood days were not given in schools; and not until I began to analyse the different elements that formed my notions of right and wrong, did I find that it was Bushido that breathed them into my nostrils.

第一版への序文

　約十年前、著名なベルギーの法学者、故ラヴレー氏の家で歓待を受けて数日を過ごしたことがある。ある日の散策中、私たちの会話が宗教の話題に及んだ。

　「あなたがたの学校では宗教教育というものがない、とおっしゃるのですか」とこの高名な学者がたずねられた。私が、「ありません」という返事をすると、氏は驚きのあまり突然歩みをとめられた。そして容易に忘れがたい声で、「宗教がないとは。いったいあなたがたはどのようにして子孫に道徳教育を授けるのですか」と繰り返された。

　そのとき、私はその質問にがく然とした。そして即答できなかった。なぜなら私が幼いころ学んだ人の倫たる教訓は、学校でうけたものではなかったからだ。そこで私に善悪の観念をつくりださせたさまざまな要素を分析してみると、そのような観念を吹きこんだものは武士道であったことにようやく思いあたった。

The direct inception of this little book is due to the frequent queries put by my wife as to the reasons why such and such ideas and customs prevail in Japan.

In my attempts to give satisfactory replies to M. de Laveleye and to my wife, I found that without understanding feudalism and Bushido, the moral ideas of present Japan are a sealed volume.

Taking advantage of enforced idleness on account of long illness, I put down in the order now presented to the public some of the answers given in our household conversation. They consist mainly of what I was taught and told in my youthful days, when feudalism was still in force.

Between Lafcadio Hearn and Mrs. Hugh Fraser on one side and Sir Ernest Satow and Professor Chamberlain on the other, it is indeed discouraging to write anything Japanese in English. The only advantage I have over them is that I can assume the attitude of a personal defendant, while these distinguished writers are at best solicitors and attorneys. I have often thought,—"Had I their gift of language, I would present the cause of Japan in more eloquent terms!" But

第一版への序文

　この小著の直接の発端は、私の妻がどうしてこれこれの考え方や習慣が日本でいきわたっているのか、という質問をひんぱんにあびせたからである。

　ラヴレー氏と妻に満足のいく答えをしようと考えているうちに、私は封建制と武士道がわからなくては、現代の日本の道徳の観念は封をしたままの書物同然であることがわかった。

　そこで私の長い病のためにやむを得ずできた機会を利用して、家庭内でかわしていた会話の中で得られた回答のいくつかを、読者に整理して述べてみることにする。それらは主として封建制度がまだ勢力をもっていた私の青年時代に、人から教わり、命じられてきたことである。

　一方にはラフカディオ・ハーン氏とフュー・フレーザー夫人がいる。また他方にはアーネスト・サトウ氏とチェンバレン教授がいる。そのはざまで、しかも英語で日本のことを私が書くということは、まったく気がひける思いがする。だが、これらの有名な先達よりも私がただ一つ有利な点は、その人たちが日本のことについては代弁人もしくは弁護人の立場であるのに対して、私は被告人の立場に立っているということである。

　「もし私があの人たちのように自由自在に言葉が操れれば、もっとうまく、もっと巧みに述べることができるのだ

one who speaks in a borrowed tongue should be thankful if he can just make himself intelligible.

All through the discourse I have tried to illustrate whatever points I have made with parallel examples from European history and literature, believing that these will aid in bringing the subject nearer to the comprehension of foreign readers.

Should any of my allusions to religious subjects and to religious workers be thought slighting, I trust my attitude toward Christianity itself will not be questioned. It is with ecclesiastical methods and with the forms which obscure the teachings of Christ, and not with the teachings themselves, that I have little sympathy. I believe in the religion taught by Him and handed down to us in the New Testament, as well as in the law written in the heart. Further, I believe that God hath made a testament which may be called "old" with every people and nation,—Gentile or Jew, Christian or Heathen. As to the rest of my theology, I need not impose upon the patience of the public.

第一版への序文

が」と思うことはしばしばであった。しかし借りものの言葉で話す者は、ただ自分のいいたいことを理解してもらうだけでも感謝しなくてはならない。

この小論全体を通じて、私はいいたいことのすべてを、ヨーロッパの歴史や文学から、類似の例証をあげて説明しようとした。なぜなら、このような例証は、外国人読者の理解をより身近なものにすると思うからである。

万一、私の述べることが宗教上の主題や宗教家について、それらを軽視していると思われたとしても、私のキリスト教への態度そのものにはいささかの疑念も生じることがないと信じている。私が同情をもたないのは、キリストの教えをあいまいにしている伝道の方法や形式についてであって、教えそのものに対してではない。

私はキリストによって教えられ、また『新約聖書』によって伝えられた宗教を信じ、同様にわが心にきざまれた律法を信じる。

それに加えて私は、ユダヤ教徒であろうとなかろうと、またキリスト教徒のみならず異教徒のすべての人びとや民族に、「旧約」とよばれている契約の書を神がつくりたもうたと信ずる。神学に関する残りの部分については、読者に寛容を強いるつもりはまったくない。

In concluding this preface, I wish to express my thanks to my friend Anna C. Hartshorne for many valuable suggestions.

Twelfth Month, 1899. Inazo Nitobe

この序文を結ぶにあたり、多くの有益な示唆をいただいた友人、アンナ・C・ハーツホーン女史に心から謝意を表したく思う。

1899年12月　新渡戸稲造

第 1 章
武士道とは何か

BUSHIDO AS AN ETHICAL SYSTEM

Chivalry is a flower no less indigenous to the soil of Japan than its emblem, the cherry blossom; nor is it a dried-up specimen of an antique virtue preserved in the herbarium of our history.

It is still a living object of power and beauty among us; and if it assumes no tangible shape or form, it not the less scents the moral atmosphere, and makes us aware that we are still under its potent spell.

The conditions of society which brought it forth and nourished it have long disappeared; but as those far-off stars which once were and are not, still continue to shed their rays upon us, so the light of chivalry, which was a child of feudalism, still illuminates

武士道とは何か

第1章のポイント

「武士の規律」として生まれた武士道は、人の道を照らしつづける光として、今も日本人の心の中に息づいている。
倫理体系をうち建てるかなめの石ともいうべき武士道とは、いったいどんなものなのか。

人の道を照らしつづける武士道の光

　武士道は、日本の象徴である桜花にまさるとも劣らない、日本の土壌に固有の華である。わが国の歴史の本棚の中におさめられている古めかしい美徳につらなる、ひからびた標本のひとつではない。

　それは今なお、私たちの心の中にあって、力と美を兼ね備えた生きた対象である。それは手に触れる姿や形はもたないが、道徳的雰囲気の薫りを放ち、今も私たちをひきつけてやまない存在であることを十分に気付かせてくれる。

　武士道をはぐくみ、育てた、社会的条件が消え失せて久しい。かつては実在し、現在の瞬間には消失してしまっている、はるか彼方の星のように、武士道はなおわれわれの頭上に光を注ぎつづけている。

　封建制度の所産である武士道の光は、その母である封建

our moral path, surviving its mother institution.

The Japanese word which I have roughly rendered Chivalry, is, in the original, more expressive than Horsemanship.

Bu-shi-do means literally Military-Knight-Ways—the ways which fighting nobles should observe in their daily life as well as in their vocation; in a word, the "Precepts of Knighthood," the *noblesse oblige* of the warrior class.

Bushido, then, is the code of moral principles which the knights were required or instructed to observe.

It is not a written code; at best it consists of a few maxims handed down from mouth to mouth or coming from the pen of some well-known warrior or savant.

More frequently it is a code unuttered and unwrit-

制度よりも永く生きのびて、人倫の道のありようを照らしつづけている。

武士道は「騎士道の規律」である

　私がおおまかに武士道と表現した日本語のことばは、その語源において騎士道(ホースマンシップ)よりももっと多くの意味合いをもっている。

　ブ・シ・ドウとは字義どおりには、武・士・道である。戦士たる高貴な人の、本来の職分のみならず、日常生活における規範をもそれは意味している。武士道は一言でいえば「騎士道の規律」、武士階級の「高い身分に伴う義務(ノブレス・オブリージュ)」である。

人びとの心に刻みこまれた掟

　さて、武士道とは、武士が守るべきものとして要求され、あるいは教育をうける道徳的徳目の作法である。

　それは成文法ではない。せいぜい口伝によるか、著名な武士や家臣の筆になるいくつかの格言によって成り立っている。

　それは、時には語られず、書かれることもない作法であ

ten, possessing all the more the powerful sanction of veritable deed, and of a law written on the fleshly tablets of the heart.

It was founded not on the creation of one brain, however able, or on the life of a single personage, however renowned.

It was an organic growth of decades and centuries of military career.

We cannot, therefore, point out any definite time and place and say, "Here is its fountain-head."

Only as it attains consciousness in the feudal age, its origin, in respect to time, may be identified with feudalism.

But feudalism itself is woven of many threads, and Bushido shares its intricate nature.

Again, in Japan as in Europe, when feudalism was formally inaugurated, the professional class of warriors

る。それだけに、実際の行動にあたってはますます強力な拘束力をもち、人びとの心に刻みこまれた掟である。

　武士道はどのような有能な人物であろうとも、一個の頭脳が創造しえたものではない。また、いかなる卓抜な人物であったとしても、ある人物がその生涯を賭けてつくりだしたものでもなかった。
　むしろ、それは何十年、何百年にもわたって武士の生き方の有機的産物であった。

　だから私たちは、明確にその時と場所を指定して「ここに武士道の源あり」ということはできない。
　だが、ただ一ついいうることは、武士道は封建制の時代に自覚されたものである。したがって時というならば、その起源は封建制と一致する、ということである。
　しかし、封建制そのものがじつに多くの糸で織りなされているものであって、武士道もまたその錯綜する性質をわけもっている。

壮大な倫理体系のかなめの石
　さらにいうと、ヨーロッパと同様に日本では、封建制が主流となったとき、職業階級としての武士がおのずから擡

naturally came into prominence.

These were known as *samurai*, meaning literally, like the old English *cniht* (knecht, knight), guards or attendants—

A Sinico-Japnaese word *Bu-ké* or *Bu-shi* (Fighting Knights) was also adopted in common use.

They were a privileged class, and must originally have been a rough breed who made fighting their vocation.

Coming to profess great honour and great privileges, and correspondingly great responsibilities, they soon felt the need of a common standard of behaviour, especially as they were always on a belligerent footing and belonged to different clans.

Fair play in fight! What fertile germs of morality lie in this primitive sense of savagery and childhood.

Is it not the root of all military and civic virtue?

註1　武士　折口信夫『国文学の発生』によれば、山伏・野伏の略で武士は宛字という。『続日本紀』養老元年正月甲戌の条には、「又詔曰、文人武士、国家所﹅重」、『宇津保物語』に「ふしとねりともおなじかずなり」が見られる。通例は

頭してきた。

彼らはサムライ（侍）として知られている。これは字義的には古英語のクニヒト cniht（knecht, knight）（騎士）のように、護衛、従者という意味である。

「武家」あるいは「武士」（註1）（たたかう騎士）という漢語もまたよく用いられるようになった。

彼らは特権的な階級であって、元来はその地位を戦闘によってあがなった、荒々しい性格の持ち主であったにちがいない。

彼らは、多大な栄誉や特権、およびそれらに伴う義務をもつようになると、まもなく行動様式についての共通の規範の必要性を感じた。特に彼らはいつも戦闘を交える立場に立たされており、また異なった武士団に属していたからである。

戦闘におけるフェア・プレイ。この野蛮さと児戯めいた原始的な感覚のうちに、なんと豊かな倫理の萌芽があることだろうか。

これこそあらゆる文武の徳の源泉ではないか。

『吾妻鏡』文治2年2月25日条「執_行武家事_之間、於_事賢直」および『源平盛衰記』第14巻興福寺返牒事に「清盛入道者、平氏之糟糠、武家之塵芥也」を武士一般の初出とする。

We smile (as if we had outgrown it!) at the boyish desire of the small Britisher, Tom Brown, "to leave behind him the name of a fellow who never bullied a little boy or turned his back on a big one."

And yet, who does not know that this desire is the corner-stone on which moral structures of mighty dimensions can be reared?

The desire of Tom is the basis on which the greatness of England is largely built, and it will not take us long to discover that Bushido does not stand on a lesser pedestal.

If military systems had operated alone, without higher moral support, how far short of chivalry would the ideal of knighthood have fallen!

"Religion, war, and glory were the three souls of a perfect Christian knight," says Lamartine.

In Japan there were several sources of Bushido.

註2 Tom Brown トーマス・ヒューズ(1822—1896)の学校小説『トム・ブラウンのラグビー学校生活』の主人公。T・ヒューズはイギリスの作家でのちにキリスト教社会主義運動に入る。この小説は1857年に書かれた体験的学校小説の古典である。

われわれはあの小さな英国人、トム・ブラウン（註2）の「けっして小さな子をいじめたり、年かさの子に背を向けたりしなかった人間であった、という名を残したい」という少年らしい決意をきいて、私たち自身はとっくにそんな願いごとは卒業してしまったかのように微笑むのである。

　だがこの決意こそ、その上に強靭で、しかも壮大な倫理体系をうち建てるためのかなめの石であることを知らない者はないであろう。

　トムの願いは、英国を偉大にしているかなめの石なのである。そして、わが「武士道」がそれより小さなかなめの石に立っていないことがわかるには、そう時間はかからないはずだ。

　もし、武士団の組織が高次元の道徳的な拘束力なしにひとり歩きをしていたとすれば、武士の観念は武士道とあまりにもかけ離れた低いものになったであろう。

　「宗教と戦争と名誉とは、完璧なキリスト教騎士の三つの魂であった」とラマルティーヌ（註3）はいっている。

　これと同じく、日本においても武士道にはいくつかの起源があったのである。

註3　Lamartine, Alphonse de（1790―1869）フランスのロマン派の詩人、政治家。1848年の2月革命後の仮政府外相。1851年のクーデターで失脚。

第2章
武士道の源をさぐる

SOURCES OF BUSHIDO

I may begin with Buddhism.

It furnished a sense of calm trust in Fate, a quiet submission to the inevitable, that stoic composure in sight of danger or calamity, that disdain of life and friendliness with death.

"Zen" is the Japanese equivalent for the Dhyâna, which "represents human effort to reach through meditation zones of thought beyond the range of verbal expression."*

Its method is contemplation, and its purport, so far as I understand it, to be convinced of a principle that underlies all phenomena, and, if it can, of the Absolute itself, and thus to put oneself in harmony with

〔原著補註１〕 Lafcadio Hearn "Exotics and Retrospectives" 84ページ。

第2章のポイント

仏教と神道から大きな影響を受けた武士道。
その源泉は孔子の著した『論語』にあった。
さらに、王陽明が説いた「知行合一」の実践も重要な要素である。
武士道の基本原理とはいったい何かを探る。

仏教と神道が武士道に与えたもの

まず仏教からはじめよう。

仏教は武士道に、運命に対する安らかな信頼の感覚、不可避なものへの静かな服従、危険や災難を目前にしたときの禁欲的な平静さ、生への侮蔑、死への親近感などをもたらした。

禅とはジャーナ Dhyâna を日本語に音訳したものである。禅は「沈思黙考により、言語表現の範囲をこえた思考の領域へ到達しようとする人間の探究心を意味する（原註1）」のだ。

その方法は黙想であり、私が理解している限りにおいて、そのめざすところは森羅万象の背後に横たわっている原理であり、でき得れば「絶対」そのものを悟り、そしてこの「絶対」と、おのれ自身を調和させることである。

this Absolute.

What Buddhism failed to give, Shintoism offered in abundance.

Such loyalty to the sovereign, such reverence for ancestral memory, and such filial piety as are not taught by any other creed, were inculcated by the Shinto doctrines, imparting passivity to the otherwise arrogant character of the samurai.

Everybody has observed that the Shinto shrines are conspicuously devoid of objects and instruments of worship, and that a plain mirror hung in the sanctuary forms the essential part of its furnishing.

The presence of this article is easy to explain: it typifies the human heart, which, when perfectly placid and clear, reflects the very image of the Deity.

When you stand, therefore, in front of the shrine to worship, you see your own image reflected on its shining surface, and the act of worship is tantamount to the old Delphic injunction, "Know Thyself."

But self-knowledge does not imply, either in the

仏教が武士道に与えなかったものは、神道が十分に提供した。

　他のいかなる信条によっても教わることのなかった主君に対する忠誠、先祖への崇敬、さらに孝心などが神道の教義によって教えられた。そのため、サムライの傲岸な性格に忍耐心がつけ加えられたのである。

　神社の霊廟には礼拝の対象物や器具がいちじるしくとぼしく、本殿にかかげてある装飾のない、一枚の鏡が神具の主たるものである。

　この鏡の存在理由はたやすく説明することができる。つまり鏡は人間の心の表象である。心が完全に落ち着き、清明であるとき、そこには「神」の姿をみることができる。

　それゆえ参拝のために社殿の前に立つとき、輝く鏡の面におのれ自身の姿をみるのである。そして参拝という行為は、かのいにしえのデルフィの神託「おのれ自身を知れ（註1）」に通じるのである。

　だが、ギリシャおよび日本の教えでは、自己知というも

註1　デルフィの神託　古代ギリシャのパルナッソスの聖地。ここでアポロン神の神託がなされた。

Greek or Japanese teaching, knowledge of the physical part of man, not his anatomy or his psycho-physics; knowledge was to be of a moral kind, the introspection of our moral nature.

The tenets of Shintoism cover the two predominating features of the emotional life of our race.—Patriotism and Loyalty.

This religion—or, is it not more correct to say, the race emotions which this religion expressed?—thoroughly imbued Bushido with loyalty to the sovereign and love of country.

As to strictly ethical doctrines, the teachings of Confucius were the most prolific source of Bushido.
His enunciation of the five moral relations between master and servant (the governing and the governed), father and son, husband and wife, older and younger

のは人間の肉体的部分の知識、解剖学や精神物理学の知識を意味しない。この場合の知とは道徳的な意味合いに属している。つまり私たちの道徳的性質の内省を意味しているのである。

武士道の源泉は孔子の教えにあり

　神道の教義は、日本人の感情生活を支配しているふたつの特徴、すなわち愛国心と忠誠心をあわせもっている。

　この宗教——あるいはこの宗教が体現している種族感情といったほうがより正確ではないかと思う——は武士道に対して、主君への忠誠心と愛国心を徹底的に吹きこんだ。

　厳密にいうと、道徳的な教義に関しては、孔子（註2）の教えが武士道のもっとも豊かな源泉となった。
　孔子が述べた五つの倫理的な関係、すなわち、君臣（治める者と治められる者）、父子、夫婦、兄弟、朋友の関係は、彼の書物が中国からもたらされるはるか以前から、日

註2　孔子（551BC―479BC）　春秋時代の儒家の祖。名は丘、字は仲尼。青年期に修養を積み、魯国の国政に参与するが、のちに失脚して諸国を周遊する。『論語』はその死後、弟子たちの手によって成った言行録である。彼の教えは春秋、戦国時代を通じてすべての学芸思潮の基盤となり、伝統的な中国思想の根幹となった。

brother, and between friend and friend, was but a confirmation of what the race instinct had recognized before his writings were introduced from China.

Next to Confucius, Mencius exercised an immense authority over Bushido.

His forcible and often quite democratic theories were exceedingly taking to sympathetic natures.

The writings of Confucius and Mencius formed the principal text-books for youths and the highest authority in discussion among the old.

A mere acquaintance with the classics of these two sages was held, however, in no high esteem.

A common proverb ridicules one who has only an intellectual knowledge of Confucius, as a man ever studious but ignorant of *Analects*.

本人の本能が認知していたことの確認にすぎない。

孔子についで孟子（註3）が武士道に大きな権威を及ぼした。

彼の力のこもった、ときにははなはだしく人民主権的な理論は、思いやりのある性質をもった人びとにはことのほか好まれた。

武士道は知識のための知識を軽視する

孔子と孟子の書物は若者にとっての大切な教科書となり、大人の間では議論の際の最高のよりどころとなった。

だが、この二人の儒家の古典を単に知っている、というだけでは人から高い評価を受けることはできなかった。

「論語読みの論語知らず」という周知のことわざは、孔子の言葉だけをふりまわしている人をあざけっているのだ。

註3　孟子（伝372BC─289BC）　戦国時代鄒国の人。名は軻、字は子輿。孔子の教えを継承しつつ、人間の天性の資質を善とする立場にたち、仁政が行われることを君子の義務とした。孔子と並んで中国思想の根幹とされるが、その急進的な仁政論は時には排斥された。

Bushido made light of knowledge of such.

It was not pursued as an end in itself, but as a means to the attainment of wisdom.

Hence, he who stopped short of this end was regarded no higher than a convenient machine, which could turn out poems and maxims at bidding.

Thus, knowledge was conceived as identical with its practical application in life; and this Socratic doctrine found its greatest exponent in the Chinese philosopher, Wan Yang Ming, who never wearies of repeating, "To know and to act are one and the same."

Thus, whatever the sources, the essential principles which *Bushido* imbibed from them and assimilated to itself, were few and simple.

武士道は知識のための知識を軽視した。

　知識は本来、目的ではなく、知恵を得る手段である、とした。

　したがってこの目的に到達することをやめた者は、求めに応じて詩歌や格言をつくりだす便利な機械以上のものではない、とみなされた。

　このように知識は、人生における実際的な知識適用の行為と同一のものとみなされた。このソクラテス的教義は「知行合一」をたゆまずくりかえし説いた中国の思想家、王陽明（註4）をその最大の解説者として見出したのである。

武士道の基本原理とは何か

　このようにして、その源泉が何であろうと、「武士道」がそこから吸収し、自己のものとした基本原理はけっして数多いものではなく、また単純なものであった。

註4　王陽明（1472―1528）　明代の儒学者、政治家。浙江省の人。名は守仁、字は伯安。進士に合格して官界に入るが後流謫。この間、道・仏の教えをしだいに脱却し、知行合一、格物致知の新境地に到達した。陽明学は江戸時代後期、日本でも盛んとなる。

第 3 章
「義」
――武士道の光り輝く最高の支柱

RECTITUDE OR JUSTICE

Here we discern the most cogent precept in the code of the samurai.

Nothing is more loathsome to him than underhand dealings and crooked undertakings.

The conception of Rectitude may be erroneous—it may be narrow.

A well-known bushi defines it as a power resolution;—"Rectitude is the power of deciding upon a certain course of conduct in accordance with reason, without wavering;—to die when it is right to die, to strike when to strike is right.

Another speaks of it in the following terms: "Rectitude is the bone that gives firmness and stature. As without bones the head cannot rest on the top of the

第3章のポイント

武士にとって卑劣な行動や曲がった振る舞いほど
忌むべきものはない。義は「道理であり、条理であり、
人間の行うべきすじ道」である。
武士の掟の中でもっとも厳格といわれる義について考える。

「義」は「勇」と並ぶ武士道の双生児である

　本章で私たちは、サムライの規範の中でもっとも厳しい教えを明らかにしよう。

　サムライにとって裏取引や不正な行いほどいまわしいものはない。

　義の観念は誤っているかも知れない。狭きにすぎるかも知れない。

　ある高名な武士〔林子平（註1）〕はそれを決断する力と定義して次のように述べている。

　「勇は義の相手にて裁断の事也。道理に任せて決定して猶予せざる心をいふ也。死すべき場にて死し、討つべき場にて討つ事也」

　また他の武士〔真木和泉守（註2）〕はいう。

　「士の重んずることは節義なり。節義はたとへていはば人の体に骨ある如し。骨なければ首も正しく上に在ること

spine, nor hands move nor feet stand, so without rectitude neither talent nor learning can make of a human frame a samurai. With it the lack of accomplishments is as nothing."

Mencius calls Benevolence man's mind, and Rectitude or Righteousness his path.

Righteousness, according to Mencius, is a straight and narrow path which a man ought to take to regain the lost paradise.

Rectitude is a twin brother to Valour, another martial virtue.

註1 　林子平(1738—1793)　名は友直。江戸時代中期の経世家、寛政三奇人の一人。兄の関係で仙台藩にたびたび進言。長崎に遊学し、江戸では蘭学者と交わる。『海国兵談』で忌まれ禁固。引用されている一節はその著『学則』の一節(全集第2巻所収)。

を得ず。手も物を取ることを得ず。足も立つことを得ず。されば人は才能ありても学問ありても、節義なければ世に立つことを得ず。節義あれば不骨不調法にても士たるだけのことには事かかぬなり」と。

　孟子は「仁は人の安宅なり、義は人の正路なり」(「離婁章句上」10) といった。

　孟子によれば、要するに義とは、人が失われた楽園を再び手中にするために必ず通過しなければならぬ、直なる、狭い道である。

　義は、もうひとつの勇敢という徳行と並ぶ、武道の双生児である。

註2　真木和泉守(1813—1864)　名は保臣。筑後久留米水天宮の祠官であったが江戸、水戸に遊学し、特に会沢正志斎の影響を受ける。文久2年脱藩上洛して尊攘運動に入る。文久3年8月18日の政変で京都を追われ、元治元年の禁門の変で長州藩士とともにたたかって敗れ、天王山で自刃。引用は『何傷録』より(真木和泉守遺文所収)。

—hence, we speak of the *Giri* we owe to parents, to superiors, to inferiors, to society at large, and so forth.

In these instances *Giri* is duty; for what else is duty than what Right Reason demands and commands us to do?

Should not Right Reason be our categorical imperative?

Giri primarily meant no more than duty.

The instant Duty becomes onerous, Right Reason steps in to prevent our shirking it.

Giri thus understood is a severe task master, with a birch-rod in his hand to make sluggards perform their part.

I deem it a product of the conditions of an artificial society—of a society in which accident of birth and unmerited favour instituted class distinctions, in

「正義の道理」こそ無条件の絶対命令

　ここで、父母、目上もしくは目下の者、大きくは社会一般などに対して負う「義理」のことについて述べる。

　これらの場合、「義理」とは疑いもなく義務である。というのは「正義の道理」が私たちになすことを要求し、命じていること以外に、いったいどんな義務が私たちにあるというのだろうか。

　「正義の道理」こそ、私たちにとって無条件に従うべき絶対命令であるべきではないか。

　「義理」は本来義務以外のことを意味していない。

　同様なことは他の道徳上の義務についてもいえる。義務がわずらわしく感ぜられるときには「正義の道理」が私たちの怠惰を防ぐためにのりこんでくる。
　このように理解された「義理」は、手に鞭をもって怠け者にそのなすべきことを遂行させる厳しい親方となる。

　私は、義理は人間が作りあげた社会のひとつの産物だと思う。ある社会では、誕生の偶然や功なくして得た恩典が階級的な差異を決める。家族が社会の単位であり、才能の

which the family was the social unit, in which seniority of age was of more account than superiority of talents, in which natural affections had often to succumb before arbitrary man-made customs.

Starting as Right Reason, *Giri* has, in my opinion, often stooped to casuistry.

It has even degenerated into cowardly fear of censure.

Carried beyond or below Right Reason, *Giri* became a monstrous misnomer.

It harboured under its wings every sort of sophistry and hypocrisy.

It would have been easily turned into a nest of cowardice, if Bushido had not a keen and correct sense of courage, the spirit of daring and bearing.

優秀さよりも年長者であることが重んじられる。人間が作りあげた慣習の前にしばしば自然な情愛が席をゆずらなければならぬような社会で生まれるものが義理だと思うのである。

「正義の道理」からはじまった「義理」は、私の考えでは、しばしば詭弁に屈服してしまった。
そしてさらに、非難されることを恐れる臆病にまで堕落してしまった。

「正義の道理」からはるか別のところへ持ち運ばれてしまった義理は、驚くべきことばの誤用である。
義理はその翼の下にあらゆるたぐいの詭弁と偽善をかかえこんだ。
もし「武士道」が鋭敏で正当な勇気の感性、果敢と忍耐の感性をもっていなかったとすれば、義理はたやすく臆病の巣に成り下っていたにちがいない。

第4章

「勇」──いかにして肚を錬磨するか

COURAGE, THE SPIRIT OF DARING AND BEARING

Courage was scarcely deemed worthy to be counted among virtues, unless it was exercised in the cause of Righteousness.

In his *Analects* Confucius defines Courage by explaining, as is often his wont, what its negative is.

"Perceiving what is right," he says, "and doing it not, argues lack of courage."

Put this epigram into a positive statement, and it runs, "Courage is doing what is right."

To run all kinds of hazards, to leopard one's self, to rush into the jaws of death—these are too often identified with Valour, and in the profession of arms such rashness of conduct—what Shakespeare calls "valour

第4章のポイント

勇気は義によって発動されるのでなければ、徳行の中に数えられる価値はない。「義を見てせざるは勇なきなり」。しかし、死に値しないことのために死ぬことは「犬死」とされた。武士道における勇について考える。

「義をみてせざるは勇なきなり」

　勇気は、義によって発動されるのでなければ、徳行の中に数えられる価値はないとされた。

　孔子は『論語』の中で、彼がつねづね用いているように、否定によって命題をあきらかにする方法で勇気を定義づけている。
　すなわち「義をみてせざるは勇なきなり」と。

　この格言を肯定的にいいなおすと「勇気とは正しいことをすることである」となる。
　あらゆる種類の危険を冒し、生命を賭して死地に臨むこと——これはしばしば勇猛と同一視され、武器をもつことを職業とする者にあっては、そのような向う見ずの行為が不当に賞讃されている。シェイクスピア（註1）はそれを

misbegot"—is unjustly applauded; but not so in the Precepts of Knighthood.

Death for a cause unworthy of dying for, was called a "dog's death."

A distinction which is made in the West between moral and physical courage has long been recognised among us.

What samurai youth has not heard of "Great Valour" and the "Valour of a Villain?"

Valour, Fortitude, Bravery, Fearlessness Courage, being the qualities of soul which appeal most easily to juvenile minds, and which can be trained by exercise and example, were, so to speak, the most popular virtues, early emulated among the youth.

「勇猛の私生児」と名づけた。しかし、武士道の教えるところはこれと異なる。

死に値しないことのために死ぬことは「犬死」とされた。

西洋で説かれていた道徳的勇気と肉体的勇気の区別は、私たち日本人にあっても昔から広く認められていたのである。

サムライの若者で「大義の勇」と「匹夫の勇」の区別を教わらなかった者があろうか。

勇猛、忍耐、勇敢、豪胆、勇気——これらはもっとも容易に少年の魂に訴え、その実践と手本を示すことによって彼らを訓練できる資質である。それらは少年たちの間で幼いときから競われている、もっとも人気のある徳であった。

註1　Shakespeare, William（1564—1616）　イギリスの劇作家。はじめジェームズ一世のおかかえ座付役者。のち劇作に専念し、悲劇、喜劇合わせて36篇の戯曲を残す。本書中にもたびたび引用されている。

Stories of military exploits were repeated almost before boys left their mother's breast.

Anecdotes of fortitude and bravery abound in nursery tales, though stories of this kind are not by any means the only method of early imbuing the spirit with daring and fearlessness.

Parents, with sternness sometimes verging on cruelty, set their children to tasks that called forth all the pluck that was in them.

Occasional deprivation of food or exposure to cold, was considered a highly efficacious test for inuring them to endurance.

Children of tender age were sent among utter strangers with some message to deliver, were made to rise before the sun, and before breakfast attend to their reading exercises, walking to their teachers with bare feet in the cold of winter; they frequently—once or twice a month, as on the festival of a god of learning,—came together in small groups and passed the night without sleep, in reading aloud by turns.

「勇」——いかにして肚を錬磨するか

軍物語(いくさものがたり)は少年たちが母親の乳房を離れる前から幾度となく聞かされた。

忍耐の精神と勇敢さの逸話はおとぎ話の中にもたくさんある。しかし、この種の話が幼少期に勇猛心と豪胆さを浸みこませる唯一の手段とは限らない。

親は、ときには残酷とみまがう苛烈な手段で子弟たちの胆力を錬磨した。

時には食物を与えられなかったり、寒気に肉体をさらされたりすることは忍耐に慣れるためのたいへん効果的な試練と考えられた。

年端のいかぬ少年がまったく面識のない人のところへことづてを託されて行かされたり、日の出前に起こされて、朝食前に冬の寒気の中を素足で師匠のもとへ通い、素読の稽古を受けさせられることもあった。

また少年たちはしばしば——月に一、二度学問の神の祭日などに——小人数で集まり、徹夜で声高く輪読する。

Pilgrimages to all sorts of uncanny places—to execution grounds, to graveyards, to houses reputed of being haunted, were favourite pastimes of the young.

The spiritual aspect of valour is evidenced by composure—calm presence of mind.

Tranquillity is courage in repose.

It is a statical manifestation of valour, as daring deeds are a dynamical.

A truly brave man is ever serene; he is never taken by sur prise; nothing ruffles the equanimity of his spirit.

In the heat of battle he remains cool; in the midst of catastrophes he keeps level his mind.

We admire him as truly great, who, in the menacing presence of danger or death, retains his self-posses sion; who, for instance, can compose a poem under impending peril, or hum a strain in the face of death.

Such indulgence betraying no tremor in the writing or in the voice is taken as an infallible index of a large

処刑場、墓場、幽霊屋敷など、あらゆる種類の薄気味悪い場所をめぐることも彼らにとってはたのしみなひとときであった。

平静さに裏打ちされた勇気
　勇気の精神的側面は落ち着きである。つまり、勇気は心の穏やかな平静さによってあらわされる。
　平静さとは、静止の状態における勇気である。
　果敢な行為が勇気の動的表現であることに対して、これはその静的表現である。
　まことに勇気ある人は、常に落ち着いていて、けっして驚かされたりせず、何事によっても心の平静さをかき乱されることはない。
　彼らは戦場の昂揚の中でも冷静である。破滅的な事態のさなかでも心の平静さを保っている。

　私たちは危険や死を眼前にするとき、なお平静さを保つ人、たとえば、迫りくる危難を前にして詩歌をつくったり、死に直面して詩を吟ずる人こそ立派な人として尊敬する。

　文づかいや声音に何の乱れもみせないこのような心のひろさ——私たちはそれを「余裕」とよんでいる——はその

nature—of what we call a capacious mind (*yoyu*), which, far from being pressed or crowded, has always room for something more.

Indeed, valour and honour alike required that we should own as enemies in war only such as prove worthy of being friends in peace.

When valour attains this height, it be comes akin to Benevolence.

人の大きさの何よりの証拠である。それは圧しつぶされず、混乱せず、いつもより多くのものを受け入れる余地を保っている。

　まさしく、勇気と名誉はともに価値ある人物のみを平時に友とし、戦時においてはそのような人物のみを敵とすべきことを要求しているのである。
　勇気がこの高みに達するとき、それは「仁」に近づく。

第5章
「仁」
——人の上に立つ条件とは何か
BENEVOLENCE, THE FEELING OF DISTRESS

Love, magnanimity, affection for others, sympathy and pity, were ever recognised to be supreme virtues, the highest of all the attributes of the human soul.

It was deemed a princely virtue in a twofold sense: princely among the manifold attributes of a noble spirit; princely as particularly befitting a princely profession.

How often both Confucius and Mencius repeat the highest requirement of a ruler of men to consist in benevolence.

Both defined this indispensable requirement in a ruler by saying, "Benevolence—benevolence is Man."

「仁」――人の上に立つ条件とは何か

第5章のポイント

愛、寛容、他者への同情、憐憫の情はいつも至高の徳、
すなわち人間の魂がもつあらゆる性質の中で
最高のものと認められてきた。「武士の情け」に内在する仁とは
いったいどんなものなのか。

民を治める者の必要条件は「仁」にあり

　愛、寛容、他者への同情、憐憫の情はいつも至高の徳、すなわち人間の魂がもつあらゆる性質の中の最高のものと認められてきた。

　それは二つの意味で王者らしい徳と考えられてきた。それは高貴な精神がもっている性質の中でももっとも王者らしいものであり、また王者にこそもっともふさわしい徳であった。

　孔子や孟子は、幾度となく民を治める者がもたねばならぬ必要条件の最高は仁にあり、と説いた。

　二人とも天下を治める者に不可欠なこの必要条件を「仁とは人なり」(『中庸』2) と定義した。

We knew benevolence was a tender virtue and mother-like.

If upright Rectitude and stern Justice were peculiarly masculine, Mercy had the gentleness and the persuasiveness of a feminine nature.

We were warned against indulging in indiscriminate charity, without seasoning it with justice and rectitude.

Masamuné expressed it well in his oft-quoted aphorism—"Rectitude carried to excess hardens into stiffness; benevolence indulged beyond measure sinks into weakness."

「武士の情け」に内在する仁

　仁は、やさしく、母のような徳である。

　高潔な義と、厳格な正義を、特に男性的であるとするならば、慈愛は女性的な性質であるやさしさと諭す力を備えている。

　私たちは公正さと義で物事を計らないで、むやみに慈愛に心を奪われてしまうことのないように教えられている。

　伊達政宗（註1）は、そのことをよく引用される警句をもって「義に過ぐれば固くなる。仁に過ぐれば弱くなる」と的確にもいい表わしている。

註1　伊達政宗(1567―1636)
　　　奥州仙台藩六〇万石の祖。平常和歌をよくし、茶道、書にも秀でていた。

Fortunately mercy was not so rare as it was beautiful, for it is universally true that "The bravest are the tenderest, the loving are the daring."

"Bushi no nasaké"—the tenderness of a warrior—had a sound which appealed at once to whatever was noble in us; not that the mercy of a samurai was generically different from the mercy of any other being, but because it implied mercy where mercy was not a blind impulse, but where it recognised due regard to justice, and where mercy did not remain merely a certain state of mind, but where it was backed with power to save or kill.

As economists speak of demand as being effectual or ineffectual, similarly we may call the mercy of Bushi effectual, since it implied the power of acting for the good or detriment of the recipient.

Priding themselves as they did in their brute strength and privileges to turn it into account, the samurai gave full consent to what Mencius taught conceding the power of love.

"Benevolence," he says, "brings under its sway

幸いに、慈愛が美とされたことはそれほど稀ではなかった。なぜなら「もっとも剛毅なる者はもっとも柔和なる者であり、愛ある者は勇敢なる者である」ということが普遍的な真理とされているからである。

「武士の情け」すなわち武士のやさしさは私たちの内にも存在するある種の高潔なものに訴える響きをもっている。このことはサムライの慈悲が他の人びとのもっている慈悲とその種類を異にする、というのではない。それはサムライの慈悲が盲目的衝動ではなく、正義に対する適切な配慮を認めているということを意味している。またその慈悲は、単にある心の状態の姿というのではなくて、生かしたり殺したりする力を背後にもっていることを意味する。

経済学者がある需要について、有効であるとか、有効でないとかいうように、私たちもまた同様に武士の慈悲を有効である、としよう。なぜなら武士の慈悲は受益者の利益、あるいは損害をもたらす際の力を伴っているからである。

武士は彼らの武力や、それを行使できる特権をもつこと自体に誇りを感じているが、そのことと同時に、彼らは孟子の愛の力についての教えに完全に同意している。

「仁の不仁に勝つはなお水の火に勝つが如し、今の仁を

whatever hinders its power, just as water subdues fire: they only doubt the power of water to quench flames who try to extinguish with a cupful a whole burning waggon-load of fagots."

He also says that "the feeling of distress is the root of benevolence," therefore a benevolent man is ever mindful of those who are suffering and in distress.

Thus did Mencius long anticipate Adam Smith who founds his ethical philosophy on sympathy.

It was an old maxim among them that "It becomes not the fowler to slay the bird which takes refuge in his bosom."

This in a large measure explains why the Red Cross movement, considered so peculiarly Christian, so readily found a firm footing among us.

Decades before we heard of the Geneva Convention, Bakin, our greatest novelist, had familiarised us with the medical treatment of a fallen foe.

註2　忧惕惻隠の心　「忧惕」は恐れて心が安らかでないさま、「惻隠」はあわれみ、痛ましく思うこと。子供が井戸に落ちようとするとき、駆け寄って助けようとする心の動きをいう。

為す者は、なお一杯の水をもって一車薪の火を救うが如し」（「告子章句上」18）。

　また「怵惕惻隠の心（註2）は仁の端なり」（「公孫丑上」29）。
　したがって、仁の心をもっている人はいつも苦しんでいる人、落胆している人のことを心に留めている。
　このように、孟子は思いやりをその道徳哲学のよりどころとしたアダム・スミス（註3）よりはるか昔に、その先鞭をつけていたのである。

いつでも失わぬ他者への憐れみの心
　「窮鳥懐に入る時は、猟師もこれを撃たず」という古い諺がある。

　このことは、キリスト教的な赤十字運動がいかに日本人の間にたやすく根づいたか、ということの説明にもなる。

　ジュネーブ条約締結（註4）のことを耳にする数十年前、すでにわが国最大の大衆作家、滝沢馬琴（註5）は傷ついた敵に対する介抱ということを私たちに説いていた。

註3　Smith, Adam（1723—1790）　イギリスの経済学者、道徳哲学者。『国富論』の他、倫理学に関するものとしては "The Theory of Moral Sentiments"（1759）がある。

It was ostensibly to express, but actually to cultivate, these gentler emotions that the writing of verses was encouraged.

Our poetry has therefore a strong undercurrent of pathos and tenderness.

Our pithy, epigrammatic poems were particularly well suited to the improvisation of a single sentiment.

Everybody of any education was either a poet or a poetaster.

Not infrequently a marching soldier might be seen to halt, take his writing utensils from his belt, and compose an ode,—and such papers were found afterward in the helmets or the breast plates when these were removed from their lifeless wearers.

What Christianity has done in Europe toward rousing compassion in the midst of belligerent horrors, love of music and letters has done in Japan.

The cultivation of tender feelings breeds considerate regard for the sufferings of others.

Modesty and complaisance, actuated by respect for others' feelings, are at the root of politeness.

註4　ジュネーヴ条約（万国赤十字第1回総会）締結は1864年。日本の加盟は1886年。

「仁」——人の上に立つ条件とは何か

　武士に詩歌を詠むことが奨励されたのは、より優しい感情を表面にあらわし、その反対に内面にそれを蓄えるためのものであった。

　したがって、日本の詩歌には悲哀と優しさが底流に存在している。

　簡潔で、警句的な要素を盛りこみやすい日本の詩の形式は、素朴な感情を即興的にうたいあげることに特に適している。

　どのような教育程度の人であっても、和歌俳諧をものにすることができ、かつその愛好者たり得るのである。

　合戦の場へ赴く武士が立ちどまり、腰から矢立を取り出して歌を詠むことは稀なことではなかった。そして、すでに生命尽きた武士の兜や胸当てが引きはがされると、その中からよく辞世の句の書きつけが見出されたのである。

　戦いの恐怖の真只中で他者への憐れみの心に貢献したのは、ヨーロッパにおいてはキリスト教であったが、日本においては音楽や書に対するたしなみがそれをなした。

　優しい感情を育てることが、他者の苦しみに対する思いやりの気持ちを育てる。

　他者の感情を尊重することから生まれる謙虚さ、慇懃さが礼の根源である。

註5　滝沢馬琴（1767—1848）　江戸後期の戯作者。『椿説弓張月』、『南総里見八犬伝』など。

第 6 章

「礼」
――人とともに喜び、人とともに泣けるか

POLITENESS

Courtesy and urbanity of manners have been noticed by every foreign tourist as a marked Japanese trait.

Politeness is a poor virtue, if it is actuated only by a fear of offending good taste, whereas it should be the outward manifestation of a sympathetic regard for the feelings of others.

It also implies a due regard for the fitness of things, therefore due respect to social positions; for these latter express no plutocratic distinctions, but were originally distinctions for actual merit.

In its highest form, politeness almost approaches love.

「礼」——人とともに喜び、人とともに泣けるか

第6章のポイント

礼とは、他人の気持に対する思いやりを目に見える形で表現することである。それは物事の道理を当然のこととして尊重するということである。
武人特有の礼とはいったいどんなものなのか。

礼とは他人に対する思いやりを表現すること

　外国人旅行者は誰でも、日本人の礼儀正しさと品性のよいことに気づいている。

　品性のよさをそこないたくない、という心配をもとに礼が実践されるとすれば、それは貧弱な徳行である。だが礼とは、他人の気持ちに対する思いやりを目に見える形で表現することである。
　それは物事の道理を当然のこととして尊重するということである。したがってそれは社会的な地位を当然のこととして尊重するということを含んでいる。だが、それは金銭上の地位の差を表わしているのではない。それは本来、実生活上の利点に対する差を表わしている。
　礼はその最高の姿として、ほとんど愛に近づく。

We may reverently say, politeness "suffers long, and is kind; envieth not, vaunteth not itself, is not puffed up; dose not behave itself unseemly, seeks not her own, is not easily provoked, takes not account of evil."

While thus extolling politeness, far be it from me to put it in the front rank of virtues.

If we analyse it, we shall find it correlated with other virtues of a higher order; for what virtue stands alone?

While—or rather because—it was exalted as peculiar to the profession of arms, and as such esteemed in a degree higher than its deserts, there came into existence its counterfeits.

Confucius himself has repeatedly taught that external appurtenances are as little a part of propriety as sounds are of music.

Mr. Spencer defines grace as the most economical manner of motion.

「礼」——人とともに喜び、人とともに泣けるか

　私たちは敬虔な気持ちをもって、礼は「長い苦難に耐え、親切で人をむやみに羨まず、自慢せず、思いあがらない。自己自身の利を求めず、容易に人に動かされず、およそ悪事というものをたくらまない」ものであるといえる。

　私はこのように礼を高く評価するものではあるが、数ある徳行のうちで最前列に置いているわけではない。
　礼を分析してみると、これはより高い次元にある他の徳行と関連していることがわかる。そもそも孤立した徳行というものが存在するだろうか。
　礼は武人特有のものとして賞讃され、それに相応する価値以上に評価された。しかしそのために、かえってにせものが存在するようになってしまった。

　孔子自身も、みせかけ上の作法は、音が音楽の一要素であるのと同じように、ほんとうの礼儀作法のほんの一部分に過ぎないものであることをくりかえし説いた。

礼を守るための道徳的な訓練
　スペンサー氏（註1）は「奥ゆかしさとはもっとも無駄のない立居振舞である」と定義した。

註1　Spencer, Herbert（1820—1903）　イギリスの哲学者。

I might follow the example of Mr. Spencer and trace in our ceremonial institutions their origins and the moral motives that gave rise to them; but that is not what I shall endeavour to do in this book.

It is the moral training involved in strict observance of propriety, that I wish to emphasise.

I have said that etiquette was elaborated into the finest niceties, so much so that different schools, advocating different systems, came into existence.

But they all united in the ultimate essential, and this was put by a great exponent of the best known school of etiquette, the Ogasawara, in the following terms: "The end of all etiquette is to so cultivate your mind that even when you are quietly seated, not the roughest ruffian can dare make onset on your person."

It means, in other words, that by constant exercise in correct manners, one brings all the parts and faculties of his body into perfect order and into such harmony with itself and its environment as to express the

「礼」――人とともに喜び、人とともに泣けるか

　私はスペンサー氏の例にならって、私たちの礼儀や儀式を作りあげてきたそもそもの起源や、道徳的契機を、私たちの儀式典礼の中にたずねることはできる。しかしそれは、私がこの著作の中でとりあげるべきことではない。

　私が強調したいことは、礼の厳しい遵守に伴う道徳的な訓練である。

優雅な作法は力を内に蓄えさせる

　私は礼法が細部にわたって念入りに作られ、さらに別の体系を主張して別の流派が派生した、といった。

　だがそれらはすべて根本の本質においてはひとつである。これについて、礼法のもっとも有名な流派のすぐれた祖述家である小笠原〔清務〕（註2）は次のように述べている。

　「あらゆる礼法の目的は精神を陶冶することである。心静かに座っているときは凶悪な暴漢とても手出しをするのを控える、というが、そこまで心を錬磨することである。」

　それはいいかえれば、正しい作法に基づいた日々の絶えざる鍛錬によって、身体のあらゆる部分と機能に申し分のない秩序を授け、かつ身体を環境に調和させて精神の統御が身体中にいきわたるようにすることを意味する。

註2　小笠原清務（1846―1913）　諸礼式家。和宮降嫁の礼式を案出した。『新選女礼式』などの著作がある。

mastery of spirit over the flesh.

If the promise is true that gracefulness means economy of force, then it follows as a logical sequence that a constant practice of graceful deportment must bring with it a reserve and storage of force.

Fine manners, therefore, mean power in repose.

Is lofty spiritual attainment really possible through etiquette?

Why not?—All roads lead to Rome!

As an example of how the simplest thing can be made into an art and then become spiritual culture, I may take *Cha-no-yu*, the tea ceremony.

That calmness of mind, that serenity of temper, that composure and quietness of demeanour which are the first essentials of *Cha-no-yu*, are without doubt the first conditions of right thinking and right feeling.

The very fact that it was invented by a contempla-

「礼」——人とともに喜び、人とともに泣けるか

奥ゆかしさが無駄を省いたやり方である、ということが真実であるとすれば、論理的成り行きとして、優雅な作法を絶えず実践することは余分な力を内に蓄えるにちがいない。

　立派な作法は、したがって休止状態にある力を意味する。

　では、礼法を通じてほんとうに高い精神的境地に達することができるだろうか。
　できないわけがない。「すべての道はローマに通じる」のだ。
　もっとも単純なことがどのようにしてひとつの芸道として大成され、そして精神的修養となるのか、という例証として茶の湯をとりあげよう。

　茶の湯の基本である心の静けさ、感情の穏やかさ、落ち着いた立居振舞はまちがいなくまっとうな思考と素直な感情の第一条件である。

　戦乱や戦闘の噂が絶えなかった時代に、一人の瞑想的な

tive recluse, in a time when wars and the rumours of wars were incessant, is well calculated to show that this institution was more than a pastime.

Before entering the quiet precincts of the tea-room, the company assembling to partake of the ceremony laid aside, together with their swords, the ferocity of battle-field or the cares of government, there to find peace and friendship.

Cha-no-yu is more than a ceremony—it is a fine art; it is poetry, with articulate gestures for rhythms: it is a modus operandi of soul discipline.

遁世者（註3）により茶の湯の道が大成された、という事実はこの作法が時のすさび以上のものであることを示すに十分である。

　参会する人びとは茶室の静かな空間へ入る前に、脇の大小とともに戦場の残虐さや治政上のよしなし事を置き棄ててくるのである。そして茶室の中に平穏と朋友の心を見出す。

礼儀は優美な感受性として表われる

　茶の湯は儀式以上のものである。それは芸術である。それは詩であり、リズムを作っている理路整然とした動作である。それは精神修養の実践方式である。

註3　千利休（1522—1591）侘茶の大成者。名は与四郎。法諱は宗易。利休は居士号。草庵流茶室は利休の創意による。秀吉の怒りに触れ自刃。

Its greatest value lies in this last phase.

Politeness will be a great acquisition, if it does no more than impart grace to manners; but its function does not stop here.

For propriety, springing as it does from motives of benevolence and modesty, and actuated by tender feelings toward the sensibilities of others, is ever a graceful expression of sympathy.

Its requirement is that we should weep with those that weep and rejoice with those that rejoice.

茶の湯の最大の価値はこの最後の点にある。

礼儀は作法に優雅さをそえるに過ぎないとしても、立派な貴重品であることはまちがいない。しかし礼儀のはたらきはそれだけにとどまらない。
なぜなら礼儀は慈愛と謙遜という動機から生じ、他人の感情に対する優しい気持ちによってものごとを行うので、いつも優美な感受性として表われる。

礼の必要条件とは、泣いている人とともに泣き、喜びにある人とともに喜ぶことである。

第7章
「誠」
──なぜ「武士に二言はない」のか？
VERACITY AND SINCERITY

Without veracity and sincerity, politeness is a farce and a show.

"Propriety carried beyond right bounds," says Masamuné, "becomes a lie."

The apotheosis of Sincerity to which Confucius gives expression in the *Doctrine of the Mean*, attributes to it transcendental powers, almost identifying them with the Divine.

"Sincerity is the end and the beginning of all things; without Sincerity there would be nothing."

He then dwells with eloquence on its far-reaching and long-enduring nature, its power to produce changes without movement and by its mere presence

「誠」――なぜ「武士に二言はない」のか？

第7章のポイント

嘘やごまかしは、等しく臆病とみなされた。
「武士に二言はない」という語句があるように、
武士の世界において正直であることは名誉と分かちがたく
混合していた。武士にとって誠とは何かを考える。

真のサムライは「誠」に高い敬意を払う

　真実性と誠意がなくては、礼は道化芝居か見世物のたぐいにおちいる。

　伊達政宗は「度を越えた礼は、もはやまやかしである」といっている。

　孔子は『中庸』の中で誠をあがめ、超越的な力をそれに与えて、ほとんど神と同格であるとした。

　すなわち「誠なる者は物の終始なり。誠ならざれば物なし（註1）」と。

　そして孔子が熱心に説くところによれば、誠は次のとおりである。まず至誠は広々として深厚であり、しかも、はるかな未来にわたって限りがない性質をもっている。そし

註1　孔子『中庸』第25章。このあとの本文は同第26章に「故に至誠は息むこと無し……」として博厚、高明、悠久であることを述べていることの祖述である。

to accomplish its purpose without effort.

From the Chinese ideogram for Sincerity, which is a combination of "Word" and "Perfect," one is tempted to draw a parallel between it and the Neo-Platonic doctrine of *Logos*—to such height does the sage soar in his unwonted mystic flight.

Lying or equivocation were deemed equally cowardly.

The bushi held that his high social position demanded a loftier standard of veracity than that of the tradesman and peasant.

Bushi no ichi-gon—the word of a samurai, or in exact German equivalent, *Ritterwort*—was sufficient guaranty for the truthfulness of an assertion.

His word carried such weight with it that promises were generally made and fulfilled without a written-pledge, which would have been deemed quite beneath his dignity.

Many thrilling anecdotes were told of those who

註2　新プラトン学派のロゴス説　Logosとはギリシャ語で集める、説明する、言葉などの意味。ソクラテス以降、「尺度」「理性」「思考能力」「人間精神」などの意味があてられ「はじめにロゴスありき」とされた。ヘレニズム期を代表する重要な概念となった。

て意識的に動かすことなく相手を変化させ、また意識的に働きかけることなく、みずから目的を達成する力をもっている。

「言」と「成」の部分からできている誠という表意文字の組み合せを考えると、私たちは新プラトン学派のロゴス説（註2）との比較を試みたくなる。この賢人（孔子）は、その非凡な神秘的飛翔で、そのような高みにまで到達したのであった。

嘘をつくこと、あるいはごまかしは、等しく臆病とみなされた。

武士は自分たちの高い社会的身分が商人や農民よりも、より高い誠の水準を求められていると考えていた。

「武士の一言」、あるいはドイツ語でこのことばの同義語にあたる「リッターヴォルト（註3）」は、断言したことが真実であることを十分に保証するものであった。

このような語句があるように、武士のことばは重みをもっているとされていたので、約束はおおむね証文無しで決められ、かつ実行された。むしろ証文は武士の体面にかかわるものと考えられていた。

「二言」つまり二枚舌のために死をもって罪を償った武

註3 Ritterwort ドイツ語で、Ritter は貴族出身の騎士、戦士。Wort は言葉。すなわち「騎士の言葉」で、嘘いつわりのない言葉をも意味した。

atoned by death for *ni-gon*, a double tongue.

The regard for veracity was so high that, unlike the generality of Christians who persistently violate the plain commands of the Teacher not to swear, the best of samurai looked upon an oath as derogatory to their honour.

Those who are well acquainted with our history will remember that only a few years after our treaty ports were opened to foreign trade, feudalism was abolished, and when with it the samurai's fiefs were taken and bonds issued to them in compensation, they were given liberty to invest them in mercantile transactions.

Now you may ask, "Why could they not bring their much boasted veracity into their new business relations and so reform the old abuses?"

Those who had eyes to see could not weep enough, those who had hearts to feel could not sympathise enough, with the fate of many a noble and honest samurai who signally and irrevocably failed in his new

士の壮絶な物語が数多く語られた。

「誓うことなかれ」というキリストの明らかな教えを絶え間なく破っている大方のキリスト教徒とちがって、真のサムライは誠に対して非常に高い敬意を払っていた。そのため、誓いをすることをみずからの名誉を傷つけるものと考えていた。

誠とは実益のある徳行

日本史をよく知っている人たちならば周知のように、外国貿易のために開港場が開かれてほんの数年後に、封建制度は打ち棄てられた。それと同時にサムライの秩禄が没収され、その代償として公債が発行されたとき、彼らにその公債による資金を商取引きに投資する自由が与えられた。

ここで読者は「彼らは、なぜあの素晴らしく、みずから誇りとしていた誠を新しい事業にもちこみ、古い悪弊を手直しすることができなかったのか」と尋ねられるだろう。

多くの清廉潔白なサムライたちには、手練手管を弄する下層階級の競争相手と伍して、抜け目なく商売をやっていく力がまったく欠落していたのである。商業や工業というなじみのない新しい分野で、彼らは取り返しのつかないく

and unfamiliar field of trade and industry, through sheer lack of shrewdness in coping with his artful plebeian rival.

It will be long before it will be recognised how many fortunes were wrecked in the attempt to apply Bushido ethics to business methods; but it was soon patent to every observing mind that the ways of wealth were not the ways of honour.

Of the three incentives to veracity that Lecky enumerates, viz., the industrial, the political, and the philosophical, the first was altogether lacking in Bushido.

As to the second, it could develop little in a political community under a feudal system.

It is in its philosophical and, as Lecky says, in its highest aspect, that honesty attained elevated rank in our catalogue of virtues.

With all my sincere regard for the high commercial integrity of the Anglo-Saxon race, when I ask for the

らいの大きな失敗をした。

彼らのこの運命を、見る目のある人は泣いても泣ききれず、また心ある人は同情してもしきれなかった。

武士道の道徳を事業の運営に適用しようとして、どれほど多くの資産が消滅したかを認めるには、なお時間を要するだろう。だが、洞察力の鋭い人には、富の道が名誉の道ではないことがまもなく明らかになった。

レッキー（註4）は誠がはたらく三つの要因をあげている。すなわち産業、政治、哲学の三つである。第一の産業の局面においては武士道は存在しえない。

第二の政治に関しては、封建制下の政治社会においては多くの発展をみることができなかった。

そして正直さが徳目の中で高い地位を得たのはまさに哲学的な、そしてレッキーのいうようにその最高の表現においてであった。

アングロ・サクソン民族の高い商業道徳に対する私の偽らない敬意をもって、私はその根拠を尋ねたことがあった。

註4　Lecky, William E. H. (1838—1903)　アイルランド生まれの英国歴史家。18世紀史の大家でのち自由党員として下院に入りアイルランドの改革を主張したが、自治案には反対する。主著は、"History of European Morals" ultimate ground, I am told that "honesty is the best policy,"—that it *pays* to be honest.

Is not this virtue, then, its own reward?

If it is followed because it brings in more cash than falsehood, I am afraid Bushido would rather indulge in lies!

If Bushido rejects a doctrine of *quid pro quo* rewards, the shrewder tradesman will readily accept it.

Often have I wondered whether the veracity of Bushido had any motive higher than courage.

In the absence of any positive commandment against bearing false witness, lying was not condemned as sin, but simply denounced as weakness, and, as such, highly dishonourable.

As a matter of fact, the idea of honesty is so intimately blended, and its Latin and its German etymology so identified with honour, that it is high time I should pause a few moments for the consideration of this feature of the Precepts of Knighthood.

するとその答えは、正直は割に合う、すなわち「正直は最善の策」である、というものであった。

そのようにいえば、この徳はそれ自身の「代価」ではないか。

そうだとすると、正直さを守り通すことは、嘘をつくことよりも多くのカネをもたらすためである。正直がカネになるというのでこれを守る、というのであれば、私は武士道はむしろ嘘にふけるのではないかと思う。

武士道が「目には目を」という"代償の原理"を否定するものだとすれば、抜け目のない商人たちは唯々諾々とそれを受け入れるにちがいない。

私はしばしば、武士道の誠が勇気以上の高い動機をもつかどうかを考えた。

偽りの証言をすることに対するなんらかの積極的な戒めがない中で、嘘をつくことは罪悪としてとがめられたのではなかった。むしろ弱さとして批判された。そして、弱さは大いに不名誉であった。

実際のところ、正直の観念は名誉と分かちがたく混合している。「正直」のラテン語とドイツ語の語源は「名誉」と一致する。そこでいよいよ武士道の名誉観を考察する時がやってきた。

第 8 章
「名誉」——苦痛と試練に耐えるために

Honour

The sense of honour, implying a vivid consciousness of personal dignity and worth, could not fail to characterise the samurai, born and bred to value the duties and privileges of their profession.

Though the word ordinarily given nowadays as the translation of honour was not used freely, yet the idea was conveyed by such terms as *na* (name) *menmoku* (countenance), *guaibun* (outside hearing), reminding us respectively of the biblical use of "name," of the evolution of the term "personality" from the Greek mask, and of "fame."

A good name—one's reputation, "the immortal part of one's self, what remains being bestial"—assumed as a matter of course, any infringement upon

「名誉」——苦痛と試練に耐えるために

第8章のポイント

名誉は「最高の善」として賞賛され、サムライの息子は恥となることを避け、名を勝ち取るためにいかなる貧困をも甘受し、肉体的、精神的苦痛の厳しい試練にも耐えた。武士にとって名誉とは何かを探る。

不名誉はその人を大きく育てる

　名誉という感覚は個人の尊厳とあざやかな価値の意識を含んでいる。名誉は武士階級の義務と特権を重んずるように、幼時のころから教えこまれるサムライの特色をなすものであった。

　今日 honour の訳語とされている名誉ということばは自由に使われることはなかった。だがその観念は「名」「面目」「外聞」などのことばで表わされていた。これらのことばはそれぞれ聖書で用いられる「名（ネーム）」、ギリシャの仮面から生まれた「人格（パーソナリティ）」、そして「名声（フェイム）」を私たちに連想させる。

　高名——人の名声、それは「人を人たらしめている部分、そしてそれを差し引くと残るのは獣性しかない」という考えはごく当然のことと思われた。その高潔さに対するいか

its integrity was felt as shame, and the sense of shame (*Renchishin*) was one of the earliest to be cherished in juvenile education.

"You will be laughed at," "It will disgrace you," "Are you not ashamed?" were the last appeal to correct behaviour on the part of a youthful delinquent.

Such a recourse to his honour touched the most sensitive spot in the child's heart, as though it had been nursed on honour while he was in his mother's womb; for most truly is honour a pre-natal influence, being closely bound up with strong family consciousness.

The popular adage said: "To bear what you think you cannot bear is really to bear."

The great Iyéyasu left to posterity a few maxims, among which are the following:—"The life of man is like going a long distance with a heavy load upon the shoulders. Haste not … Reproach none, but be forever watchful of thine own short-comings … Forbearance is the basis of length of days."

なる侵害も恥とされた。そして「廉恥心」という感性を大切にすることは、彼らの幼少のころの教育においても、まずはじめに行われたことであった。

「人に笑われるぞ」「体面を汚すなよ」「恥かしくはないのか」などということばは過ちをおかした少年の振舞を正す最後の切札であった。

子が母の胎内にいる間に、その心があたかも名誉によってはぐくまれたかのように、この名誉に訴えるやり方は子供の心の琴線に触れたのである。なぜなら、名誉は強い家族意識と結びついているので、真の意味では出生以前から影響を受けている、といえるのである。

武士道はなぜ忍耐強さの極致に達したのか

よく知られた格言に「ならぬ堪忍、するが堪忍」というのがある。

偉大な人物であった徳川家康は、後世の人びとに「人」の一生は重荷を負うて行くが如し。急ぐべからず。堪忍は無事長久の基……。己を責めて人を責むるべからず（註1)」といっている。

Patience and long-suffering were also highly commended by Mencius.

In one place he writes to this effect: "Though you denude yourself and insult me, what is that to me? You cannot defile my soul by your outrage."

Elsewhere he teaches that anger at a petty offence is unworthy a superior man, but indignation for a great cause is righteous wrath.

To what height of unmartial and unresisting meekness Bushido could reach in some of its votaries, may be seen in their utterances.

「名誉」——苦痛と試練に耐えるために

忍耐と我慢はまた孟子によっても高く推賞された。

「我が側に袒裼裸裎(かたわら たんせき らてい)すといえども、爾焉(なんじいずく)んぞ能く我を浼(けが)さんや」(「公孫丑章句」上22)と。

汝がたとえわが傍で裸になるという無礼な態度をとっても、それは汝が無礼な行為をしたというにすぎず、我を汚すことはできない、という意味のことである。

また取るに足らない侮辱に腹をたてることは、すぐれた人物にはふさわしくないが、だが大義のための義憤は正当な怒りである、ということをいたるところで教えている。

武士道がむやみに争わず、あえてあらがわない忍耐強さの極致に到達したことについては、武士道を信奉した人びとのことばの中にみることができる。

註1 徳川家康(1542—1616) この家訓とされているものは、彼の言説によるものかどうかは疑わしい、という説がある。本文は『東照公御遺訓』より引用。

It must be admitted that very few attained this sublime height of magnanimity, patience and forgiveness.

It was a great pity that nothing clear and general was expressed as to what constitutes honour, only a few enlightened minds being aware that it "from no condition rises," but that it lies in each acting well his part; for nothing was easier than for youths to forget in the heat of action what they had learned in Mencius in their calmer moments.

Said this sage: "'Tis in every man's mind to love honour; but little doth he dream that what is truly honourable lies within himself and not elsewhere. The honour which men confer is not good honour. Those whom Châo the Great ennobles, he can make mean again."

For the most part, an insult was quickly resented and repaid by death, as we shall see later, while honour—too often nothing higher than vainglory or worldly approbation—was prized as the *summum bo-*

「名誉」——苦痛と試練に耐えるために

名誉はこの世で「最高の善」である

　寛容、忍耐、寛大という境地の崇高な高みにまで到達した人はごく稀であった。このことは知っておかねばならない。

　名誉を形づくっているものが、いったい何であるのか。そのことについて、明白で一般化したものが何ひとつ語られていなかったことは、たいへん残念なことであった。名誉は「境遇から生じるものはなく」て、それぞれが自己の役割をまっとうに努めることにあるのだ、ということに気づいているのは、ごくわずかの高徳の人びとだけである。なぜなら若者たちは平生、孟子から学んだことを行動の最中にいともたやすく忘れ去ってしまうからである。

　孟子は「貴(とうと)きを欲するは人の同じき心なり。人々、己に貴き者あり。思わざるのみ。人の貴(たっと)ぶ所の者は、良貴に非ざるなり。趙孟(ちょうもう)の貴くする所は、趙孟能く之を賤(いや)くす」(「告子章句」上156) といっていたのである。

　後で見るように、およそ侮辱に対して人はただちに憤慨し、死をもって報いた。ところが一方では名誉は、たとえそれが虚名や世間一般の阿諛(あゆ)にすぎないようなものまでも、この世の中で「最高の善」として賞讃された。

93

num of earthly existence.

Fame, and not wealth or knowledge, was the goal toward which youths had to strive.

Many a lad swore within himself as he crossed the threshold of his paternal home, that he would not re-cross it until he had made a name in the world; and many an ambitious mother refused to see her sons again unless they could "return home," as the expression is, "caparisoned in brocade."

To shun shame or win a name, samurai boys would submit to any privations and undergo severest ordeals of bodily or mental suffering.

They knew that honour won in youth grows with age.

Life itself was thought cheap if honour and fame could be attained therewith: hence, whenever a cause presented itself which was considered dearer than life, with utmost serenity and celerity was life laid down.

若者が追求しなければならない目標は富や知識ではなく、名誉である。

　多くの若者はわが家の敷居を越えるとき、世に出て名を成すまでは二度とこれをまたがない、と自分自身に誓ったものである。またわが息子に大きな望みを託した多くの母親は、息子たちが「錦を飾る」ということばどおりに「故郷に帰る」までは彼らと再会することを拒んだ。

　恥となることを避け、名をかちとるためにサムライの息子はいかなる貧困をも甘受し、肉体的、あるいは精神的苦痛のもっともきびしい試練に耐えたのであった。

　彼らは若年のころにかちえた名誉は年がたつにつれて大きく成長することを知っていた。

　もし名誉や名声が得られるならば、生命自体は安いものだとさえ思われていた。したがって生命より大切とする根拠が示されれば、生命はいつでも心静かに、かつその場で棄てられたのである。

第 9 章
「忠義」
——人は何のために死ねるか

THE DUTY OF LOYALTY

Feudal morality shares other virtues in common with other systems of ethics, with other classes of people, but this virtue—homage and fealty to a superior—is its distinctive feature.

I am aware that personal fidelity is a moral adhesion existing among all sorts and conditions of men,—a gang of pickpockets owe allegiance to a Fagin; but it is only in the code of chivalrous honour that loyalty assumes paramount importance.

Similarly, loyalty as we conceive it may find few admirers elsewhere, not because our conception is wrong, but because it is, I am afraid, forgotten, and also because we carry it to a degree not reached in any other

第9章のポイント

忠義とは、主君に対する臣従の礼と忠誠の義務を表すものであり、封建道徳を顕著に特色づけている。
ゆえに、武士道においては個人よりも国が重んじられた。
いかなるものよりも優先された忠義とは何かを考える。

日本人の忠義とは一体何か

　封建道徳はそれ以外の徳目を他の倫理体系や他の階級の人びとと共有している。しかしこの忠義という徳目、すなわち、主君に対する臣従の礼と忠誠の義務は封建道徳を顕著に特色づけている。

　私は個人に対する忠誠があらゆる種類の人びと、あらゆる境遇の人びとに存在している道徳的な紐帯であることを知っている。スリの一味でさえフェイギン（註1）のような親分に忠誠の心を捧げている。しかし、忠誠心がもっとも重みを帯びるのは、武士道の名誉の規範においてのみである。

　このことと同様に、私たち日本人が考えている忠義は、他の国ではほとんどその心奉者を見出すことはできないだろう。そのことは私たちの考え方がまちがっているからではない。

註1　チャールズ・ディケンズの『オリバー・ツイスト』作中のスリの親分。

country.

Griffis* was quite right in stating that whereas in China Confucian ethics made obedience to parents the primary human duty, in Japan precedence was given to loyalty.

The individualism of the West, which recognises separate interests for father and son, husband and wife, necessarily brings into strong relief the duties owed by one to the other; but Bushido held that the interest of the family and of the members thereof is intact,—one and inseparable.

This interest it bound up with affection—natural, instinctive, irresistible; hence, if we die for one we love with natural love (which animals themselves possess), what is that?

"For if ye love them that love you, what reward

〔原著補註1〕 Griffis, William Elliot（1843—1928） アメリカの教師。1870年、福井藩の招聘により来日。藩校明新館、のちに大学南校などに教える。帰国後、東洋、日本をアメリカに紹介。引用の書物は1895年に書かれた。

「忠義」——人は何のために死ねるか

　それは他の国では忠義が忘れ去られていたり、また私たちが他の国では到達しなかったくらいにまでその考え方を進めたからである。
　グリフィス（原註1）は正しくも、「中国では儒教の倫理は父母への従順を人間の第一の責務としたが、日本では忠義が優先された」と述べた。

武士道では個人よりも国を重んじる
　西洋の個人主義は父と子、夫と妻に対してそれぞれ個別の利害を認めている。したがって人が他に対して負っている義務はいちじるしく軽減している。しかし武士道においては、一族の利害とその個々の成員の利害は一体不可分であるとする。

　武士道はこの利害を愛情、すなわち自然で、本能にもとづくもので、かつ他の者がとってかわることができないもので結びつけた。したがって、もし私たちが動物でさえもっている自然愛によって、愛する人のために死ぬとすれば、それは何であるのか。
　「汝ら己を愛する者を愛すとも、何の報いをか得べき。

have ye? Do not even the publicans the same?"

In his great history, Sanyo relates in touching language the heart struggle of Shigemori concerning his father's rebellious conduct. "If I be loyal, my father must be undone; if I obey my father, my duty to my sovereign must go amiss."

Poor Shigemori! We see him afterward praying with all his soul that kind Heaven may visit him with death, that he may be released from this world where it is hard for purity and righteousness to dwell.

Many a Shigemori has his heart torn by the conflict between duty and affection.

Indeed, neither Shakespeare nor the Old Testament itself contains an adequate rendering of *ko*, our con-

註2　頼山陽(1780—1832)　江戸後期の儒者、詩人、歴史家。『日本外史』の他『日本政記』、『山陽詩鈔』。(写真:福山誠之館同窓会所蔵)

「忠義」——人は何のために死ねるか

取税人をもしかするに非ずや」
　頼山陽（註2）はその大著『日本外史』の中で、父清盛の法皇に対する叛逆について、その子重盛（註3）の苦衷を「忠ならんと欲すれば孝ならず、孝ならんと欲すれば忠ならず」と感動的に描きだした。

　哀れなるかな重盛！　私たちは後に重盛が、慈悲ある天が死を彼に賜い、純粋であること、正義が世に棲むことが困難なこの現し世からわが身を解きはなたれることを、全智全霊を傾けて祈るのを見るのである。
　あまたの重盛のような人びとが、義理と人情の板挟みにあってその心を引き裂かれた。
　実のところ、シェイクスピアにも『旧約聖書』にも、私たちの「孝」という考え方について、適切な例証をみない。

註3　平重盛（1138－1179）　平安末期の武将。清盛の長子。保元、平治の乱で武功をあげる。性温厚かつ武勇の人とされた。清盛諫止の一件は『源平盛衰記』『平家物語』などの作中に登場する。

ception of filial piety, and yet in such conflicts Bushido never wavered in its choice of loyalty.

Women, too, encouraged their offspring to sacrifice all for the king.

Even as resolute as Widow Windham and her illustrious consort, the samurai matron stood ready to give up her boys for the cause of loyalty.

Since Bushido, like Aristotle and some modern sociologists, conceived the state as antedating the individual,—the latter being born into the former as part and parcel thereof,—he must live and die for it or for the incumbent of its legitimate authority.

Readers of Crito will remember the argument with which Socrates represents the laws of the city as pleading with him on the subject of his escape.

Among others he makes them (the laws or the state) say: "Since you were begotten and nurtured and educated under us, dare you once to say you are not our

---

註4　Windham　英国王チャールズ一世の臣。国王がクロムウェルと戦い、敗れたとき、ウィンダムもその三子もともに戦死したが、人がウィンダムの妻を慰めると「王に奉ずるに三子惜しむに足らず、もし他に子あらばこれをもあげて王に献げたし」といったという。

しかしながら、そのような板挟みの場合、武士道はためらうことなく、忠義をえらんだ。

女性もまたわが子に、主君のためにすべてを捧げるように奨励した。

寡婦ウィンダム（註4）とその有名な連れあい同様に、サムライの妻女たちは、勇敢にも忠義のために自分の息子をあきらめる用意ができていた。

アリストテレス（註5）や何人かの現代の社会学者のように、武士道では個人よりも国がまず存在すると考えている。（註6）つまり個人は国をになう構成部分として生まれてくる、というのだ。そのために個人は国のため、あるいはその合法的権威のために生き、または死なねばならない。

『クリトン』の読者はソクラテスが彼の逃走の問題について、国家の法律が彼と議論している弁論を思い起こすだろう。

ソクラテスは法律、あるいは国家に次のようにいわしめている。「汝は我が下に生まれ、養われ、かつ教育されたのであるのに、汝と汝の祖先も我々の子および召使でない

註5　Aristoteles（384BC—322BC）　ギリシャの哲学者。論理学、心理学、生理学、形而上学、倫理学、政治学、芸術などきわめて多岐にわたる体系的視野を構築した。
註6　武士道との関連でいわれる国とは、もちろん近代的な民族国家のそれではない。むしろ国とは領国をさすものとして使われていた。アリストテレスやソクラテスの場合は、古代ギリシャの都市国家のそれをさす。

offspring and servant, you and your fathers before you?"

These are words which do not impress us as any thing extraordinary; for the same thing has long been on the lips of Bushido, with this modification, that the laws and the state were represented with us by a personal being.

Loyalty is an ethical outcome of this political theory.

Bushido did not require us to make our conscience the slave of any lord or king.

A man who sacrificed his own conscience to the capricious win or freak or fancy of a sovereign was accorded a low place in the estimate of the Precepts.

Such an one was despised as nei-sin, a cringeling, who makes court by unscrupulous fawning, or as chô-shin, a favourite who steals his master's affections by means of servile compliance;

When a subject differed from his master, the loyal

ということを汝はあえていうか」と。

　これらのことばは、私たち日本人にはなんら突飛な印象を与えるものではない。というのは、同じことが昔から武士道で口にされてきたからである。あえていうならば、私たちにとっては法律や国家が唯一人の人格に相当していた、という修正が必要である。
　忠義とはまさしくこの政治理論の結果である。

サムライの真の「忠義」はここにある！
　武士道は私たちの良心を主君や国王の奴隷として売り渡せとは命じなかった。

　おのれの良心を主君の気まぐれや酔狂、思いつきなどの犠牲(いけにえ)にする者に対しては、武士道の評価はきわめて厳しかった。
　そのような者は「佞臣(ねいしん)」すなわち無節操なへつらいをもって主君の機嫌をとる者、あるいは「寵臣」すなわち奴隷のごとき追従の手段を弄して主君の意を迎えようとする者として軽蔑された。

　主君と意見がわかれる時、家臣のとるべき忠節の道は、

path for him to pursue was to use every available means to persuade him of his error, as Kent did to King Lear.

Failing in this, let the master deal with him as he wills. In cases of this kind, it was quite a usual course for the samurai to make the last appeal to the intelligence and conscience of his lord by demonstrating the sincerity of his words with the shedding of his own blood.

Life being regarded as the means whereby the serve his master, and its ideal being set upon honour, the whole education and training of a samurai were conducted accordingly.

ケント公（註7）がリア王に諫めたように、あくまで主君のいうところが非であることを説くことであった。

　もしそのことが容れられない時は、サムライは自己の血をもって自分の言説の誠であることを示し、その主君の叡智と良心に対して最後の訴えをすることはごく普通のことであった。

　生命はここに主君に仕える手段とさえ考えられ、その至高の姿は名誉あるべきものとされたのである。サムライのすべての教育や訓練はこのことにもとづいて行われたのである。

註7　シェイクスピアの悲劇『リア王』の作中人物。自己の生命を賭して王の末娘コーディリアのために弁護し、追放される。

第10章

武士は何を学び、どう己を磨いたか

THE EDUCATION AND TRAINING OF A SAMURAI

The first point to observe in knightly pedagogics was to build up character, leaving in the shade the subtler faculties of prudence, intelligence and dialectics.

We have seen the important part æsthetic accomplishments played in his education.

Indispensable as they were to a man of culture, they were accessories rather than essentials of samurai training.

Intellectual superiority was, of course, esteemed; but the word *Chi*, which was employed to denote intellectuality, meant wisdom in the first instance and gave knowledge only a very subordinate place.

第10章のポイント

武士道の枠組を支えている三つのかなえは、知恵、慈悲、勇気である。そして、武士道の訓育は剣術、弓術、乗馬、書、道徳、文学などの教科によって構成されていた。武士はどのように学び、己を磨いたのかを探る。

行動するサムライが追求した「品性」とは何か

武士の訓育にあたって第一に必要とされたのは、その品性を高めることであった。そして明らかにそれとわかる思慮、知性、雄弁などは第二義的なものとされた。

武士の教育において、美の価値を認めるということが重要な役割を果してきたことはすでにみてきたところである。

それらは教養ある人にとっては不可欠であるが、サムライの訓育にあたっては本質をなすもの、というよりむしろ外見であった。

知能が優秀であることはもちろん重んじられた。だが知性を意味するときに用いられる「知」という漢字は、第一に叡知を意味し、知識は従属的な地位を与えられるにすぎなかった。

The tripod which supported the framework of Bushido was said to be *Chi*, *Jin*, *Yu*, respectively, Wisdom, Benevolence, and Courage.

A samurai was essentially a man of action.

Science was without the pale of his activity.

He took advantage of it in so far as it concerned his profession of arms.

Religion and theology were relegated to the priests; he concerned himself with them in so far as they helped to nourish courage.

Like an English poet the samurai believed "'tis not the creed that saves the man; but it is the man that justifies the creed."

Philosophy and literature formed the chief part of his intellectual training; but even in the pursuit of these, it was not objective truth that he strove after,—literature was pursued madly as a pastime, and philosophy as a practical aid in the formation of character, if not for the exposition of some military or political problem.

From what has been said, it will not be surprising to note that the curriculum of studies, according to

武士道の枠組を支えているかなえの三つの脚は「智、仁、勇」といわれ、それぞれ、知恵、慈悲、勇気を意味している。

　サムライは本質的に行動の人である。

　学問はサムライの行動原理の外にあった。

　もちろん彼らは武士としての職業に関連する限りにおいて、学問を利用した。

　宗教と神学は僧侶や神官のものであった。そして武士はその勇気を鼓舞させる範囲でそれらに近づいた。

　ある英国の詩人がいったように、サムライは「人間を救うのは教義ではない。教義を正当化するものは人間である」と信じた。

　また儒学や文学は武士の知的訓練の主要な部分を形成している。しかしそれらを学ぶときでさえ、サムライが求めたものは客観的真実ではなかった。つまりそれらは戦闘場面や政争を説明するためだけではなく、文学の場合は勉学の合間を埋めるものとして、儒学はその品性を確立するための実践的な補助手段として追求されたのである。

　以上述べたことから、武士道の訓育においては、その教科とされるものは主として剣術、弓術、「柔術（原註1）」

〔原著補註1〕　ごく普通の英語で "jiu-jitsu" と誤って綴られているものと同じことばである。これはおだやかな武術であって、「武器を用いる」ようなものではない。

the pedagogics of Bushido, consisted mainly of the following:—fencing, archery, *jiujutsu** or *yawara*, horsemanship, the use of the spear, tactics calligraphy, ethics, literature, and history.

A subject of study which one would expect to find in military education and which is rather conspicuous by its absence in the Bushido course of instruction, is mathematics.

This, however, can be readily explained in part by the fact that feudal warfare was not carried on with scientific precision.

Not only that, but the whole training of the samurai was unfavourable to fostering numerical notions.

Chivalry is uneconomical: it boasts of penury.

It says with Ventidius that "ambition, the soldier's virtue, rather makes choice of loss, than gain which darkens him."

Don Quixote takes more pride in his rusty spear

註1　Ventidius, Publius (?—38BC)　ローマの武将。

もしくは「やわら」、乗馬、槍術、戦略戦術、書、道徳、文学、そして歴史によって構成されていることは、驚くにあたらないだろう。

武士道は損得勘定をとらない

　軍事教練において、当然あるべきものとされていながら武士道の訓育に欠けているものに算術がある。

　しかしこれは封建時代の戦闘は必ずしも科学的正確さを伴うものではなかった、という事実により一応は説明がつく。

　だがそのことのみならず、サムライの訓育全体からみて、数の観念を育てるということは都合が悪かったのである。武士道は損得勘定をとらない。むしろ足らざることを誇りにする。

　武士道にあっては、ヴェンティディウス（註1）がいったように「武人の徳とされている功名心は汚れをまとった利益よりも、むしろ損失をえらぶ」とさえいう。

　ドン・キホーテ（註2）は黄金や領地よりも、彼の錆び

註2　Don Quixote　スペインのセルバンテスの諷刺文学の傑作。ドン・キホーテはラ・マンチャの住人であったが、中世の騎士物語にあこがれ、その妄想が昂じてついにみずから武者修行に出てさまざまな冒険をした。

and skin-and-bone horse than in gold and lands, and a samurai is in hearty sympathy with his exaggerated confrére of La Mancha.

He disdains money itself,—the art of making or hoarding it.

It was to him veritably filthy lucre.

The hackneyed expression to describe the decadence of an age was "that the civilians loved money and the soldiers feared death."

Niggardliness of gold and of life excited as much disapprobation as their lavish use was panegyrised.

"Less than all things," says a current precept, "men must grudge money: it is by riches that wisdom is hindered."

Hence children were brought up with utter disregard of economy.

It was considered bad taste to speak of it, and ignorance of the value of different coins was a token of good breeding.

Knowledge of numbers was indispensable in the mustering of forces as well as in distribution of benefices and fiefs; but the counting of money was left to

ついた槍や骨と皮ばかりのロバに誇りをもっている。そしてわがサムライはこのラ・マンチャの誇大妄想にとりつかれた同志に満腔の敬意を払っている。

　彼は金銭そのものを忌み嫌う。金もうけや蓄財の術にたけることを嫌う。

　彼にとってはそれは紛れもない不正利得であった。

　時代の頽廃を述べるときの常套句は「文臣銭を愛し、武臣命を惜しむ（註3）」というものであった。

　黄金を惜しみ、生命を失うことを恐れる風潮はそれらを無駄に費やすことと同じく、非難の的となった。

　よく知られている格言は、「なかんずく金銀の欲を思うべからず、富めるは智に害あり」といっている。

　したがって、武士の子弟は経済のことをまったく眼中に入れないように育てられた。

　経済のことを口にすることは、むしろはしたないこととされた。そしてさまざまな通貨の交換価値を知らないことが育ちのよさのあかしとさえされた。

　数の知識は、出陣や陣立や恩賞、知行の際に欠くことができなかった。だが金銭の計算は身分の低い者に任された。

註3　「文臣銭を愛し、武臣命を惜しむ」　中国の宋史・岳飛伝に出てくる言葉。

meaner hands.

In many feudatories, public finance was administered by a lower kind of samurai or by priests.

Every thinking bushi knew well enough that money formed the sinews of war; but he did not think of raising the appreciation of money to a virtue.

It is true that thrift was enjoined by Bushido, but not for economical reasons so much as for the exercise of abstinence.

Luxury was thought the greatest menace to manhood and severest simplicity of living was required of the warrior class, sumptuary laws being enforced in many of the clans.

Not so with the Precepts of Knighthood.

It persisted in systematically regarding finance as something low—low as compared with moral and intellectual vocations.

Money and the love of it being thus diligently ignored, Bushido itself could long remain free from a thousand and one evils of which money is the root.

多くの藩で藩財政は小身の武士かあるいは僧侶に任されていた。
　もちろん思慮のある武士は誰でも軍資金の意義を認めていた。しかし金銭の価値を徳にまで引き上げることは考えもしなかった。
　武士道が節倹を説いたのは事実である。だがそれは理財のためではなく節制の訓練のためであった。

　奢侈は人格に影響を及ぼす最大の脅威と考えられた。もっとも厳格かつ質素な生活が武士階級に要求された。多くの藩では倹約令が実行された。

　だが武士道にあってはそのようなことはあり得なかった。
　わが武士道は一貫して理財の道を卑しいもの、すなわち道徳的な職務や知的な職業とくらべて卑賤なものとみなし続けてきた。
　このように金銭や金銭に対して執着することが無視されてきた結果、武士道そのものは金銭に由来する無数の悪徳から免れてきた。

Of the three services of studies that Bacon gives,—for delight, ornament, and ability,—Bushido had decided preference for the last, where their use was "in judgment and the disposition of business."

Whether it was for the disposition of public business or for the exercise of self-control, it was with a practical end in view that education was conducted.

"Learning without thought," said Confucius, "is labour lost; thought without learning is perilous."

When character and not intelligence, when the soul and not the head, is chosen by a teacher for the material to work upon and to develop, his vocation partakes of a sacred character.

"It is the parent who has borne me: it is the teacher who makes me man."

With this idea, therefore, the esteem in which one's preceptor was held was very high.

A man to evoke such confidence and respect from the young, must necessarily be endowed with superior personality, without lacking erudition.

He was a father to the fatherless, and an adviser to

武士道は無償、無報酬の実践のみを信じる

ベーコン（註4）が説いた学問の三つの効用、すなわち快楽、装飾、および能力のうち、武士道は最後のものに決定的な優先権を与えた。その能力は「判断と実務の処理」ために用いられることを目的とした。

公務の処理にせよ、自制心の訓練のためであるにせよ、実践的な目的をもってその教育が行われたのである。

孔子は「学んで思わざればすなわち罔し、思いて学ばざればすなわち殆し」（『論語』巻1・為政第2）と説いた。

教える者が、知性ではなく品性を、頭脳ではなくその心性を働きかける素材として用いるとき、教師の職務はある程度まで聖職的な色彩をおびる。

「私を生んだのは父母である。私を人たらしめるのは教師である」

この考えがいきわたるとともに、教師が受けた尊敬はきわめて高かった。

そのような信頼や尊敬を若者にいだかせるような人は必ずすぐれた人格をもち、学識に恵まれていなければならなかった。

その人たるや、父のない者たちの父であり、迷える小羊

註4　Bacon, Francis（1561—1626）　イギリスの哲学者、政治家。中世的な学問のあり方を批判、帰納法をとり一切の先入見を除去する方法論を説いた。

the erring.

"Thy father and thy mother."—so runs our maxim—"are like heaven and earth; thy teacher and thy lord are like the sun and moon."

The present system of paying for every sort of service was not in vogue among the adherents of Bushido.

It believed in a service which can be rendered only without money and without price.

Spiritual service, be it of priest or teacher, was not to be repaid in gold or silver, not because it was valueless but because it was invaluable.

Here the non-arithmetical honour-instinct of Bushido taught a truer lesson than modern Political Economy; for wages and salaries can be paid only for services whose results are definite, tangible, and measurable, whereas the best service done in education,—namely, in soul development (and this includes the services of a pastor), is not definite, tangible, or measurable. Being immeasurable, money, the ostensible measure of value, is of inadequate use.

たちの助言者であった。
「父母は天地の如く、師君は日月の如し（註5）」とも説かれている。

　どんな仕事に対してもその報酬を支払う現代のやりかたは、武士道の信奉者の間ではひろまらなかった。
　武士道は無償、無報酬で行われる実践のみを信じた。

　精神的な価値にかかわる仕事は、僧侶、神官であろうと、教師であろうと、その報酬は金銀で支払われるべきものではない。それは無価値であるからではなく、価値がはかれないほど貴いものであるからだ。
　ここにおいて武士道の本性、すなわち算術で計算できない名誉を重んずるという特質は、近代の経済学以上に、はるかに真実の教えを人びとに教えたのである。
　賃金や俸給は、その仕事の結果が明確で、形があり、計数で測定できる場合にのみ支払われる。しかしながら、教育における最良の仕事、あえていうならば精神の高揚にかかわる仕事（この場合、神官、僧侶の仕事も含む）は明確でもなければ、有形のものでもなく、また計数で測定しうるものでもない。計数で測定できないものに対して、価値

註5　「父母は天地の如く、師君は日月の如し」　出典は『実語教』。『実語教』は鎌倉時代に作られた庶民教育の教科書。作者、編者などはよくわからない。近世まで寺子屋などでもよく用いられた。

They were grave personifications of high spirits undaunted by adversity.

They were an embodiment of what was considered as an end of all learning, and were thus a living example of that discipline of disciplines, self-control, which was universally required of samurai.

の外面的な計量方法である金銭を用いることはきわめて不適当である、というのである。

　彼らは逆境に屈することのない、高貴な精神の威厳ある権化であった。

　彼らはまた学問が目指すところのものの体現者であり、鍛錬に鍛錬を重ねる自制心の生きた手本であった。そしてその自制心はサムライにあまねく必要とされるものであった。

第11章

人に勝ち、己に克つために

SELF-CONTROL

The discipline of fortitude on the one hand, inculcating endurance without a groan, and the teaching of politeness on the other, requiring us not to mar the pleasure or serenity of another by expressions of our own sorrow or pain, combined to engender a stocial turn of mind, and eventually to confirm it into a national trait of apparent stoicism.

I say apparent stoicism, because I do not believe that true stoicism can ever become the characteristic of a whole nation, and also because some of our national manners and customs may seem to a foreign observer hard-hearted.

Yet we are really as susceptible to tender emotion as any race under the sky.

第11章のポイント

武士は感情を顔に出してはならなかった。多弁を弄して思想や感情を述べることは誠意に欠けるしるしであるとされた。
人に勝ち、己に克つために、心の安らかさを保つことが理想とされた。武士道における克己について考える。

サムライは、感情を顔に出すべからず

　武士道においては不平不満を並べたてない不屈の勇気を訓練することが行われていた。そして他方では、礼の教訓があった。それは自己の悲しみ、苦しみを外面に現わして他人の愉快や平穏をかき乱すことがないように求めていた。この両者がひとつになって禁欲的な気風を生み、ついにはあたかも国民全体が禁欲主義的な気質をもつかのような固定観念ができあがった。

　私はあくまでこの禁欲主義は外見上のものとみなしている。なぜなら、ほんとうの禁欲主義は国民全体を特徴づけるものとはなりえないからである。また日本人の習俗や風習のあるものは、外国人の目から見ると冷酷と映っているかもしれないからである。

　しかし、本当のところ、私たち日本人はこの世界のどんな民族にも負けないくらいに優しい感情をもった民族なの

I am inclined to think that in one sense we have to feel more than others—yes, doubly more—since the very attempt to restrain natural promptings entails suffering.

It was considered unmanly for a samurai to betray his emotions on his face.

"He shows no sign of joy or anger," was a phrase used, in describing a great character.

The most natural affections were kept under control.

A father could embrace his son only at the expense of his dignity; a husband would not kiss his wife,—no, not in the presence of other people, whatever he might do in private!

To give in so many articulate words one's inmost thoughts and feelings—notably the religious—is taken among us as an unmis takable sign that they are neither very profound nor very sincere.

"Only a pomegranate is he"—so runs a popular say-

である。

　ある意味では、私は日本人が他の民族よりもはるかに多く、まさに何倍も物事に感じやすい気質をもっているにちがいないと考えたい。というのは、自然に湧きあがってくる感情を抑えること自体が苦しみを伴っているからである。

　サムライにとっては感情を顔にあらわすことは男らしくないと考えられた。
　立派な人物を評するとき、「喜怒を色に現わさず」ということばがよく用いられた。
　そこではもっとも自然な感情が抑制されていた。
　父親はその威厳を犠牲にして、子を抱くことはできなかった。夫はその妻に口づけをすることはできなかった。私室ではともかく、人前ではなしえなかったのである。

なぜ「寡黙」がよしとされるのか
　多弁を弄して心の奥底の思想や感情、特に宗教的な感情を述べるということは、私たち日本人にとっては、その行為自体があまり深刻でもなく、また誠意に欠ける印であるとされる。
　よく知られていることわざは「口開けて 腸 見する柘榴

ing "who, when he gapes his mouth, displays the contents of his heart."

It is not altogether perverseness of oriental minds that the instant our emotions are moved, we try to guard our lips in order to hide them.

Speech is very often with us, as the Frenchman defines it, "the art of concealing thought."

Indeed, the Japanese have recourse to risibility whenever the frailties of human nature are put to severest test.

Personally, I believe it was our very excitability and sensitiveness which made it a necessity to recognise and enforce constant self-repression; but whatever may be the explanation, without taking into account long years of discipline in self-control, none can be correct.

Discipline in self-control can easily go too far.

It can well repress the genial current of the soul.

かな」といっている。

　感動が生じた瞬間、それをすぐに隠そうとして口を押えるのは、東洋人の片意地のせいではない。

　かのフランス人〔タレーラン（註1）〕が定義したように、日本人にとって言葉というものはしばしば「思想を隠す技術」である。
　実際に、日本人には自分の性格の弱点を厳しく突かれたときでさえも、常に笑顔を絶やさないという傾向がある。

心を安らかに保つために
　私は、私個人として絶えざる克己が必要であることを認識し、かつ強めることを不可欠なものとしていた。それは日本人の激しやすく、敏感な性質によるものであったからだと信じている。だが、どのような説明をしようとも、長い年月にわたる克己の訓練を考えに入れない限りは、どれも正しい説明とはなりえない。
　克己の訓練は時として度を過ごしやすい。
　それは思いやりの心を完全に抑えることもできる。

註1　Talleyrand-Périgord（1754—1838）　フランスの政治家。フランス革命勃発後、司法委員、国民議会議長。王政復古後、外相、首相となる。自由主義貴族の系列に属し、外交官としては現実政策をとる。

It can force pliant natures into distortions and monstrosities.

It can beget bigotry, breed hypocrisy, or hebetate affections.

Be a virtue never so noble, it has its counterpart and counterfeit.

We must recognise in each virtue its own positive excellence and follow its positive ideal, and the ideal of self-restraint is to keep the mind level—as our expression is—or, to borrow a Greek term, attain the state of *euthymia*, which Democritus called the highest good.

The acme and pitch of self-control is reached and best illustrated in the first of the two institutions which we shall now bring to view, namely, the institutions of suicide and redress.

素直な性質をゆがめたり、途方もないものに変えることもできる。

　偏屈を生んだり、偽善をはぐくんだり、ときには情愛を鈍感にさせたりもできる。

　その徳目がどんなに気高いものであったとしても、そのマイナス面や、そのにせものが存在する。

　私たちはそれぞれの徳目の中にそれ自体のすぐれた点を認め、その理想とするところを積極的に押しすすめねばならない。

　そして克己の理想とは、日本人の表現方法によれば、心の安らかさを保つことである。またギリシャ語によると、デモクリトスが究極的な善とよんだエウテミア（註2）の状態に到達することである。

　克己は、次の章で考察する二つの制度、すなわち自殺と仇討ちの制度のうち、前者においてその極致が達せられ、かつもっともよく現われている。

註2　euthymia　ギリシャの哲学者デモクリトスが説いた概念で普通「快活」と邦訳されている。すなわち恐怖、迷信あるいはその他の感情によって惑乱されることなく霊魂が平穏静寂に生きる状態をいう。

第12章
「切腹」——生きる勇気、死ぬ勇気

THE INSTITUTIONS OF SUICIDE AND REDRESS

Of these two institutions (the former known as *hara-kiri* and the latter as *kataki-uchi*), many foreign writers have treated more or less fully.

To begin with suicide, let me state that I confine my observations only to *seppuku* or *kappuku*, popularly known as *hara-kiri*—which means self-immolation by disembowelment.

Not for extraneous associations only does *seppuku* lose in our mind any taint of absurdity; for the choice of this particular part of the body to operate upon, was based on an old anatomical belief as to the seat of the soul and of the affections.

「切腹」——生きる勇気、死ぬ勇気

第12章のポイント

武士道において切腹は一つの法制度であり、同時に儀式典礼であった。いっぽう、仇討ちは武士道に道徳的均衡を保たせるための一種の道徳法廷としてつくられた制度である。切腹と仇討ち、二つの制度について探る。

腹切りの"ハラ"は何を意味するか

　腹切り、敵討ち、として知られている二つの制度については、多くの外国人著述家がかなり詳しく述べている。

　まず、自殺から説明しよう。私の考察は、一般に腹切りとして知られている（すなわち、腹をかき切ることによって自殺する）切腹、もしくは割腹に限定していることをあらかじめ断っておきたい。

　日本人の心の中で切腹がいささかも不合理でないとするのは、外国にも例があるという連想のためだけではない。身体の中で特にこの部分を選んで切るのは、その部分が霊魂と愛情の宿るところであるという古い解剖学の信念にもとづいていたのである。

Modern neurologists speak of the abdominal and pelvic brains, denoting thereby sympathetic nerve centres in those parts which are strongly affected by any psychical action.

This view of mental physiology once admitted, the syllogism of *seppuku* is easy to construct.

"I will open the seat of my soul and show you how it fares with it. See for yourself whether it is polluted or clean."

I do not wish to be understood as asserting religious or even moral justification of suicide, but the high estimate placed upon honour was ample excuse with many for taking one's own life.

Death involving a question of honour, was accepted in Bushido as a key to the solution of many complex problems, so that to an ambitious samurai a natural departure from life seemed a rather tame affair and a consummation not devoutly to be wished for.

An invention of the middle ages, it was a process by

近代の神経学者は、腹部脳髄とか腰部脳髄ということをいい、腹部や骨盤に存在する交感神経中枢が、精神作用により、極めて強い刺激を受けると説く。

この精神生理学的見解がいったん認められるならば、切腹の論理はごくたやすく組み立てることができる。
「我はわが霊魂の座すところ開き、貴殿にそれを見せよう。穢れありとするか、清しとするか、貴殿みずからこれを見よ」
私が自殺の宗教的、あるいはさらに道義的正当性を主張しているなどと、誤解されたくはない。しかし、名誉を何よりも重んずる考え方は、多くの人びとにとってみずからの生命を棄てる十分な理由となった。

切腹は一つの法制度、儀式典礼である
武士道においては、名誉の問題とともにある死は、多くの複雑な問題解決の鍵として受け入れられた。大志を抱くサムライにとっては、畳の上で死ぬことはむしろふがいない死であり、望むべき最期とは思われなかった。

中世に発明された切腹とは、武士がみずからの罪を償い、

which warriors could expiate their crimes, pologise for errors, escape from disgrace, redeem their friends, or prove their sincerity.

When enforced as a legal punishment, it was practised with due ceremony.

It was a refinement of self-destruction, and none could perform it without the utmost coolness of temper and composure of demeanour, and for these reasons it was particularly befitting the profession of bushi.

The glorification of *seppuku* offered, naturally enough, no small temptation to its unwarranted committal.

For causes entirely incompatible with reason, or for reasons entirely undeserving of death, hot-headed youths rushed into it as insects fly into fire; mixed and dubious motives drove more samurai to this deed than nuns into convent gates.

And yet, for a true samurai to hasten death or to court it, was alike cowardice.

過去を謝罪し、不名誉を免れ、朋友を救い、みずからの誠実さを証明する方法であった。

法律上の処罰として切腹が行われるときには、それ相当の儀式が実行された。

それは鈍化された自己破壊であった。

きわめて冷静な感情と落ち着いた態度がなければ、誰も切腹などを行いうるはずはなかった。以上のような理由によって、切腹はいかにも武士階級にふさわしいものであった。

武士道における生きる勇気と死ぬ勇気

当然のことながら「切腹」の栄光は、あまり正当とは認められない犯罪に対しても、少なからず拡大して濫用された。

まったく道理に反した原因や、あるいはまったく死に値すべくもない理由のために、血気にはやる若者たちは、あたかも飛んで火に入る虫のように死に急いだ。

混乱し、かつ不明な動機によって、尼寺へ駆け込む尼僧よりも多くのサムライがこの行為に駆り立てられた。

しかしながら、真のサムライにとっては、いたずらに死に急ぐことや死に恋い焦れることは卑怯と同義であった。

This, then, was the Bushido teaching—Scar and face all calamities and adversities with patience and a pure conscience; for, as Mencius* taught, "When Heaven is about to confer a great office on anyone, it first exercises his mind with suffering and his sinews and bones with toil; it exposes his body to hunger and subjects him to extreme poverty; and it confounds his undertakings. In all these ways it stimulates his mind, hardens his nature, and supplies his incompetencies."

True honour lies in fulfilling Heaven's decree and no death incurred in so doing is ignominious, whereas, death to avoid what Heaven has in store is cowardly indeed!

We will now see whether its sister institution of Redress—or call it Revenge, if you will—has its mitigating features.

"What is the most beautiful thing on earth?" said Osiris to Horus.

〔原著補註1〕 レッグ博士の逐語訳による。

あらゆる困苦、逆境にも忍耐と高潔な心をもって立ちむかう。これが武士道の教えであった。それは孟子が教えたとおりのことであった。

「天の将(まさ)に大任をこの人に降(くだ)さんとするや、必ず先(ま)ずその心志を苦しめ、その筋骨を労し、その体膚を餓やし、その身を空乏し、行い其の為(な)すところに払乱せしむ。心を動かし、性を忍び、その能わざるところを曾益(ぞうえき)せしむる所以(ゆえん)）なり（原註1）」（「告子章句」下175）

真の名誉とは、天の命ずるところをまっとうするにある。そのためには死を招いても不名誉とはされない。天が与えようとしているものを避けるための死は、卑劣きわまりない。

「四十七士」の仇討にみる二つの判断

そこで次に、この制度と姉妹関係にあるといってよい「仇討」、あるいは「復讐」とよばれてもよい制度に同情すべき点があるかどうかをみてみよう。

「この世で一番美しいものは何だろうか」とオシリスはホーラス（註1）にたずねた。

註1　Osiris & Horus　エジプト神話。冥界で死霊を裁く神オシリスは弟神セト（またはタイフォン）に殺されたが、その子ホーラスは父を殺したセトを討った。

The reply was, "to avenge a parent's wrongs,"—to which a Japanese would have added "and a master's."

Our sense of revenge is as exact as our mathematical faculty, and until both terms of the equation are satisfied we cannot get over the sense of something left undone.

The master of the forty-seven Ronins was condemned to death; he had no court of higher instance to appeal to; his faithful retainers addressed themselves to vengeance, the only Supreme Court existing; they in their turn were condemned by common law,—but the popular instinct passed a different judgment, and hence their memory is still kept as green and fragrant as are their graves at Sengakuji to this day.

Though Lâo-tse taught to recompense injury with kindness, the voice of Confucius was very much louder, which taught that injury must be recompensed with justice;—and yet revenge was justified only when

「切腹」——生きる勇気、死ぬ勇気

　その答えは「親の仇を討つこと」であった。日本人はこれに「主君の仇」をつけ加えるだろう。

　私たちの復讐の感覚は、私たちの数学の能力と同じように正確である。等式の両項が満足させられない限り、何かが果されずに残っている、という感覚を私たちはぬぐうことができない。

　「四十七士」の主君（註2）〔浅野内匠頭〕は死罪を命じられた。彼には控訴すべき上級法廷はなかった。したがって、忠義にあふれたその家臣たちには唯一の最高法廷ともいうべき「仇討」の手段に訴えるほかはなかった。

　家臣たちの裁きは当時の一般の定めによって行われた。そして咎あり、とされたのである。しかし一般大衆の本能は別の判断を下したのだ。その結果、四十七士の物語は今日にいたるまで、泉岳寺にある彼らの墓のように、緑につつまれ、芳香を放ちつづけて人びとの心に生きつづけているのである。

　老子（註3）は「怨に報いるに徳を以てす」（63章）と教えた。しかしながら「直を以て怨に報ずべき」（『論語』憲問）と教えた孔子のほうがはるかにもてはやされた。だが仇討は目上の人や、恩義ある人のためになされるときに

註2　浅野内匠頭長矩(1667—1701)　播磨赤穂藩主。1701年（元禄14）勅使江戸下向の接待役となったが礼式指南の高家吉良義央に侮辱を受け、江戸城中で義央に斬りつけ即日除封、切腹。泉岳寺は主君の仇を討ち、切腹を命ぜられた同藩士らの墓所。

it was undertaken in behalf of our superiors and benefactors.

のみ正当とされたのである。

註3　老子　楚の苦県の人。姓は李、名は耳。その実在については疑問が出されているが、孔子はかつて老子を訪ね、その教えを乞うたという。

第13章
「刀」——なぜ武士の魂なのか

THE SWORD, THE SOUL OF THE SAMURAI

Bushido made the sword its emblem of power and prowess.

When Mahomet proclaimed that "the sword is the key of Heaven and of Hell," he only echoed a Japanese sentiment.

Very early the samurai boy learned to wield it.

It was a momentous occasion for him when at the age of five he was apparelled in the paraphernalia of samurai costumes placed upon a go-board and initiated into the rights of the military professions by having thrust into his girdle a real sword instead of the

「刀」——なぜ武士の魂なのか

第13章のポイント

武士が腰に差す刀は、彼がその心中に抱いている忠誠と名誉の象徴である。武士道は刀の不当不正な使用に対しては厳しく非難し、忌み嫌った。
武勇の象徴であり、武士の魂である刀について考える。

刀は忠誠と名誉の象徴

　武士道は刀をその力と武勇の象徴とした。

　マホメット（註1）は「剣は天国の鍵でもあれば、地獄の鍵でもある」と宣言したが、それは日本人の考え方を反復したにすぎなかった。
　サムライの子弟はごく幼いころから刀を振りまわすことを学んだ。
　サムライの正装に身をつつみ、碁盤の上に立たされた。そして、それまでもてあそんでいた玩具の短刀のかわりに本物の刀を腰にさすことで、武士の仲間入りを許された。その日は、その子にとってきわめて記念すべき日となった。

註1　Mahomet; Mohammed（571頃—632）　アラビアの預言者。イスラム教の創始者。アッラーの天啓を聞き、アッラーこそ全能にしてすべての創造主とする信仰に立つ。「コーラン」"Koran" は唯一最大の神アッラーが大天使ガブリエルを通じて預言者マホメットに伝えた啓示であると信ぜられ、アラビア語で記されている。「コーラン」とは元来「誦えるもの」の意である。

toy dirk with which he had been playing.

After this first ceremony of *adoptio per arma*, he was no more to be seen outside his father's gates without this badge of his status, even though it was usually substituted for everyday wear by a gilded wooden dirk.

Not many years pass before he wears constantly the genuine steel, though blunt, and then the sham arms are thrown aside and with enjoyment keener than his newly acquired blades, he marches out to try their edge on wood and stone.

When he reaches man's estate, at the age of fifteen, being given independence of action, he can now pride himself upon the possession of arms sharp enough for any work.

The very possession of the dangerous instrument imparts to him a feeling and an air of self-respect and responsibility.

"He beareth not the sword in vain."

What he carries in his belt is a symbol of what he carries in his mind and heart,—loyalty and honour.

The two swords, the longer and the shorter,— called respectively *daito* and *shoto* or *katana* and *waki-*

「刀」──なぜ武士の魂なのか

　この「武門入り」の最初の儀式がとり行われると、もはやこの身分の象徴をたずさえることなく、その子が屋敷の外へ出掛ける姿を目にすることはありえない。だが普段は、たいていの場合、銀塗りの木刀で代用していた。

　ほどなくその子は、鈍刀ではあっても本物の刀を差すようになる。擬刀は捨てられ、新しく手にすることとなった刀の刃よりも鋭い喜びを手にして外へ飛び出し、あたりの木や石を相手にその切れ味を試してみる。

　十五歳で元服し独り立ちの行動を許されると、彼はいまやどんな時にも役に立ち得る鋭利な武器を所持することに誇りを感ずる。

　危険な武器を持つことは、一面、彼に自尊心や責任感をいだかせる。

「伊達に刀はささぬ」
　その腰にさしているものは、彼がその心中にいだいている忠誠と名誉の象徴である。
　大小二本の刀は、それぞれ大刀と小刀、もしくは刀と脇差しと呼ばれ、どんな時でも腰から離れることはない。

zashi,—never leave his side.

When at home, they grace the most conspicuous place in the study or parlour; by night they guard his pillow within easy reach of his hand.

Constant companions, they are beloved, and proper names of endearment given them.

Being venerated, they are well-nigh worshipped.

The swordsmith was not a mere artisan but an inspired artist and his workshop a sanctuary.

Daily he commenced his craft with prayer and purification, or, as the phrase was, "he committed his soul and spirit into the forging and tempering of the steel"

Every swing of the sledge, every plunge into water, every friction on the grindstone, was a religious act of no slight import.

Was it the spirit of the master or of his tutelary god that cast a formidable spell over our sword?

Harmless were its mission, if it only remained a

屋敷内では、それらは書院か客間のもっとも目につきやすい場所に置かれた。夜にはすぐ手の届くところに置かれ、その枕頭を守る。

刀はその持ち主の良き友として愛用され、その親愛ぶりを表すにふさわしい愛称がつけられた。

そして敬愛の念がたかまると、ほとんど崇拝といってよい感情の移入が行われる。

鍛冶は重要な宗教的行為だった

刀匠は単なる鍛冶屋ではなく、神の思し召しを受ける工芸家であった。その仕事場は聖なる場所ですらあった。

彼は毎日、神仏に祈りを捧げ、みそぎをしてから仕事を始める。あるいは、いわゆる「彼はその心魂気魄を打って錬鉄鍛冶した」のである。

大槌を振り、水につけ、砥石で研ぐ、これらすべてが大変重要な宗教的行為であった。

日本の刀剣が人を畏怖させるほどの魔力をもつのは、この刀鍛冶たちの気魄によるのだろうか。あるいは彼らが加護を祈った神仏の霊気によるものだろうか。

もし刀剣が美と歓びの工芸品にとどまるならば、その役

thing of beauty and joy!

But, ever within reach of the hand, it presented no small temptation for abuse.

Too often did the blade flash forth from its peaceful sheath.

The abuse sometimes went so far as to try the acquired steel on some harmless creature's neck.

The question that concerns us most is, however,—Did Bushido justify the promiscuous use of the weapon?

The answer is unequivocally, no!

As it laid great stress on its proper use, so did it denounce and abhor its misuse.

A dastard or a braggart was he who brandished his weapon on undeserved occasions.

A self-possessed man knows the right time to use it, and such times come but rarely.

The popular apothegm—"To be beaten is to con-

割はけっして危険ではなかっただろう。

　だがそれは手を伸ばせばすぐ届くところに常にあったので、それをやたらと用いたくなる、という大きな誘惑心をよびおこした。

　刃はあまりにもひんぱんにその平和な鞘からきらめき出たのであった。

　その濫用はついにあらたに入手した剣を試し斬りと称して、無辜の人の首をはねるまでにいたった。

　しかしながら、私たちがもっとも強い関心を寄せる問題は、武士道は刀の無差別な使用を正当化するのか、ということである。

　そしてその答えは明らかに否である。

武人の究極の理想は平和である

　武士道は適切な刀の使用を強調し、不当不正な使用に対しては厳しく非難し、かつそれを忌み嫌った。

　やたらと刀を振りまわす者は、むしろ卑怯者か、虚勢をはる者とされた。

　沈着冷静な人物は、刀を用いるべきときはどのような場合であるかを知っている。そしてそのような機会はじつのところ、ごく稀にしかやってこないのである。

　よく知られている格言に「負けるが勝ち」というものが

quer," meaning true conquest consists in not opposing a riotous foe; and "The best won victory is that obtained without shedding of blood," and others of similar import—will show that after all the ultimate ideal of knighthood was peace.

ある。この格言は、真の勝利は暴徒にむやみに抵抗することではないことを意味している。また「血を見ない勝利こそ最善の勝利」とか、これに類する格言がある。これらの格言は、武人の究極の理想は平和であることを示している。

第14章

武士道が求めた女性の理想像

THE TRAINING AND POSITION OF WOMAN

The female half of our species has sometimes been called the paragon of paradoxes, because the intuitive working of its mind is beyond the comprehension of men's "arithmetical understanding."

The Chinese ideogram denoting "the mysterious," "the unknowable," consists of two parts, one meaning "young" and the other "woman," because the physical charms and delicate thoughts of the fair sex are above the coarse mental calibre of our sex to explain.

In the Bushido ideal of woman, however, there is little mystery and only a seeming paradox.

I have said that it was Amazonian, but that is only half the truth.

武士道が求めた女性の理想像

第14章のポイント

武士道は、女性に対して家庭的でかつ勇敢であれと求めている。さらに、音曲、歌舞、読書などの芸事をたしなむことやしとやかな日常生活を求めた。武士道が理想とする女性像とはいったいどういうものなのかを探る。

家庭的であれ、そして女傑でもあれ

　人類の半数を占める女性は、ときには矛盾(パラドックス)の典型とよばれる。というのは、女性の心の直観的な働きは、男性の「算数的理解力」をはるかに超えているからである。

　「神秘的」あるいは「不可知」を意味する「妙」という漢字は、「若い」という意味の「少」と、「女」という二つの漢字が組み合わされている。というのは女性の身体の美しさと、繊細な発想は、男性の粗雑な心理的理解力では説明できないからである。
　しかしながら、武士道が説く女性の理想像には神秘性がきわめて乏しく、外見的な矛盾があるにすぎない。
　私は前に武士道の女性の理想を勇婦的(アマゾネス)といったが、それは真実の半面にすぎない。

Without confining the sphere of woman's activity to *Küche, Kirche, Kinder*, as the present German Kaiser is said to do, the Bushido ideal of womanhood was pre-eminently domestic.

These seeming contradictions:—domesticity and Amazonian traits—are not inconsistent with the Precepts of Knighthood, as we shall see.

Bushido being a teaching primarily intended for the masculine sex, the virtues it prized in woman were naturally far from being distinctly feminine.

Bushido similarly praised those women most "who emancipated themselves from the frailty of their sex and displayed an heroic fortitude worthy of the strongest and the bravest of men."

Young girls, therefore, were trained to repress their feelings, to indurate their nerves, to manipulate weapons—especially the long-handled sword called *naginata*, so as to be able to hold their own against unexpected odds.

Yet the primary motive for exercise of this martial character was not for use in the field; it was twofold—

武士道が求めた女性の理想像

　ドイツのカイザー皇帝（註1）は女性の活動範囲を「台所」「教会」「子供」の三つに制限したといわれている。しかし、そのような制限がなくとも。武士道が説く女性の理想像は著しく家庭的であった。

　一見、矛盾するように思われる家庭的なことと女傑的な特性は、次に見るように、武士道においては両立するのである。

　武士道は本来、男性のために作られた教えである。したがって武士道が女性について重んじた徳目も女性的なものからかけ離れていたのはむしろ当然であった。

　武士道は、同じく「自己自身を女性の有する弱さから解き放ち、もっとも強く、かつ勇敢である男性にもけっして負けない英雄的な武勇を示した」女性を讃えた。

　したがって若い娘たちは、感情を抑制し、神経を鍛え、武器、特に長い柄の「薙刀」とよばれる武器をあやつり、不慮の争いに対して自己の身体を守れるように訓練された。

　しかし、この種の武芸習得の主な動機は、戦場でそれを用いるためではない。それは二つの動機、すなわち一つは

註1　German Kaiser　ウィルヘルム二世（1859—1941）のことかと思われる。第5章にも同皇帝の演説が引用されている。

personal and domestic.

Woman owning no suzerain of her own, formed her own body-guard.

With her weapon she guarded her personal sanctity with as much zeal as her husband did his master's.

The domestic utility of her warlike training was in the education of her sons, as we shall see later.

Fencing and similar exercises, if rarely of practical use, were a wholesome counterbalance to the otherwise sedentary habits of women.

But these exercises were not followed only for hygienic purposes.

They could be turned into use in times of need.

Girls, when they reached womanhood, were presented with dirks (*kai-ken*, pocket poniards), which might be directed to the bosom of their assailants, or, if advisable, to their own.

Accomplishments and the gentler graces of life were

個人のためであり、もう一つは家のためであった。
　主君をもたない女性は自分を護る術を鍛えた。

　女性は夫たちが主君の身を護るのと同じくらいの熱意でわが身を潔く守った。
　女性の武芸の家庭における効用は、後にみるように息子たちの教育にあった。

女性に求められる立居振舞い

　剣術やそれに似た訓練は、実戦に用いられることはほとんどなかったが、それでも日常の習慣上、座りがちな女性に対する健康のバランスを保つ役目を果していた。
　だがこれらの訓練は保健学的な目的のためにのみ行われたわけではない。
　時が必要とした場合には実際に役立ったのである。
　少女たちは成年に達すると「懐剣」とよばれる短刀を与えられた。その懐剣は時には彼女たちを襲う者の胸に、また場合によっては彼女自身の胸に突きつけられるのであった。

妻女の務めとは何か

　女性には芸事や、しとやかな日常生活が要求されていた。

required of them.

Music, dancing, and literature were not neglected.

Some of the finest verses in our literature were expressions of feminine sentiments; in fact, woman played an important role in the history of Japanese *belles-lettres*.

Dancing was taught (I am speaking of samurai girls and not of *geisha*) only to smooth the angularity of their movements.

Music was to regale the weary hours of their fathers and husbands; hence it was not for the technique, the art as such, that music was learned; for the ultimate object was purification of heart, since it was said that no harmony of sound is attainable without the player's heart being in harmony with itself.

The accomplishments of our women were not acquired for show or social ascendancy.

They were a home diversion; and if they shone in social parties, it was as the attributes of a hostess, —in other words, as a part of the household contrivance for hospitality.

音曲、歌舞、読書をすることはけっしておろそかにされなかった。

日本文学におけるすばらしい詩歌のいくつかは女性の感情表現であった。実際、日本の女性は「純文学」史上、はかり知れない大きな役割を果してきた。

踊り（私は芸者の踊りではなく、サムライの子女の踊りのことを指している）は立居振舞いをなめらかにするためにのみ教えられた。

詩吟や鳴り物は父あるいは夫の憂しさを晴らすためのものであった。

したがってその稽古は必ずしも技巧や芸そのものを学ぶためではなかった。究極の目的は心を浄化することにあった。演ずる者の心が落ち着いていなければ、音の調和は得られない、といわれている。

日本の女性の芸事も他人に見せたり、それによって世に出るためのものではなかった。

それは家の中の気晴しのためのものであった。たとえ他人を交えた集まりで披露されることがあったとしても、それは妻女たちの務めであり、いい換えれば、客へのもてなしの一部であった。

Woman's surrender of herself to the good of her husband, home, and family, was as willing and honourable as the man's self-surrender to the good of his lord and country.

Self-renunciation, without which no life-enigma can be solved, was the key-note of the loyalty of man as well as of the domesticity of woman.

She was no more the slave of man than was her husband of his liege-lord, and the part she played was recognised as *naijo*, "the inner help."

In the ascending scale of service stood woman, who annihilated herself for man, that he might annihilate himself for the master, that he in turn might obey Heaven.

I know the weakness of this teaching and that the superiority of Christianity is nowhere more manifested than here, in that it requires of each and every living soul direct responsibility to its Creator.

Nevertheless, as far as the doctrine of service—the serving of a cause higher than one's own self, even at

自己否定なくしては「内助」の功はありえない

　女性が夫、家、そして家族のために、わが生命を引き渡すことは、男が主君と国のために身を棄てることと同様に、みずからの意志にもとづくものであって、かつ名誉あることとされた。

　自己否定——これなくしては女性の人生の謎を解く鍵は見当らない。それは、男性の忠義同様に女性が家を治めることの基調であった。

　女性が男性の奴隷でなかったことは、その夫たちが封建君主の奴隷でなかったことと同じである。

　妻たちが果した役目は「内助」の功として認められた。

　妻女たちは奉公の上り階段に立っている。彼女は夫のために自己を棄て、夫はそれによって主君のために自己を棄て、最後に主君は天に従うことが出来るというわけである。

　私はこの教訓の弱点をよく知っているつもりである。キリスト教では生きとし生ける者の一人一人すべてが、創造主に対して直接の義務を負っている。そしてこれより他にキリスト教の優越性を知らない。

　しかしそれにもかかわらず、奉仕の精神に関する限り、武士道は永遠の真理にもとづいていたのである。

the sacrifice of one's individuality; I say the doctrine of service, which is the greatest that Christ preached and was the sacred key-note of His mission—so far as that is concerned, Bushido was based on eternal truth.

My readers will not accuse me of undue prejudice in favour of slavish surrender of volition.

I accept in a large measure the view advanced and defended with breadth of learning and profundity of thought by Hegel, that history is the enfolding and realisation of freedom.

The point I wish to make is that the whole teaching of Bushido was so thoroughly imbued with the spirit of self-sacrifice, that it was required not only of woman but of man.

I shall be guilty of gross injustice to historical truth if my words give one a very low opinion of the status of woman under Bushido.

I do not hesitate to state that she was not treated as

というのは、武士道は自己の個性を犠牲にしてでも自己自身をより高次の目的に役立たせることとした。すなわちそれは、キリストが説き、その教えの中で最大にしてその使命の聖なる基調とした奉仕の教えに関するものでもあったのだ。

読者は、私が意志のはたらきを奴隷的に服従させることに賛成するという不当な偏見を持っている、として非難されることはよもやあるまい。

私はヘーゲルが博い学識を深遠な思考によって推し進め、かつ論じた見方、すなわち、歴史とは自由の展開および実現であるという見解をおおよそ受け入れるものである。

私が明らかにしたい点は、武士道の教え全体が徹底した自己犠牲の精神に染めあげられており、その精神は女性のみならず、当然のこととして男性にも要求された、ということである。

サムライ階級の女性の地位について

私の述べたことが「武士道」の下において、女性の地位が非常に低いという印象を与えるとすれば、私は歴史における真実を著しく不当にゆがめたことになる。

私は女性が男性と対等に扱われなかった、と述べること

man's equal; but, until we learn to discriminate between differences and inequalities, there will always be misunderstandings upon this subject.

In view of the manifold variety of requisites for making each sex fulfil its earthly mission, the standard to be adopted in measuring its relative position must be of a composite character; or to borrow from economic language, it must be a multiple standard.

Bushido had a standard of its own and it was binomial.

It tried to gauge the value of woman on the battle-field and by the hearth.

There she counted for very little; here for all.

The treatment accorded her corresponded to this double measurement:—as a social-political unit not much, while as wife and mother she received highest respect and deepest affection.

をはばかるものではない。しかし、私たちは差異ということと、不平等ということを区別することを学ばなければならない。そうでなければ、この問題について常に誤った考えがつきまとうだろう。

家庭において重んじられた女性

　男女それぞれが、この世において、その使命を果すためにさまざまな要素を備えている。そのことを考えると、男女の相対的地位を測る際にとられるべき基準は複合的な性質のものでなくてはならない。経済学上の用語を借りていうと、それは「複本位制」でなければならない。

　武士道はそれ自体の基準をもっていた。それは二項方程式であった。

　つまり、女性の価値を戦場と家庭の、双方で測ろうとしたのだ。

　戦場においては、女性はまったく重んじられることがなかった。だが家庭においては完全であった。

　女性に与えられた待遇は、この二重の尺度に対応していた。すなわち女性は社会的、あるいは政治的な存在としては重要ではないが、他方、妻、あるいは母としては女性は最高の尊敬と深い愛情を受けていた。

第15章
「大和魂」
——いかにして日本人の心となったか

THE INFLUENCE OF BUSHIDO

Thus far we have brought into view only a few of the more prominent peaks which rise above the range of knightly virtues, in themselves so much more elevated than the general level of our national life.

As the sun in its rising first tips the highest peaks with russet hue, and then gradually casts its rays on the valley below, so the ethical system which first enlightened the military order drew in course of time followers from amongst the masses.

Democracy raises up a natural prince for its leader, and aristocracy infuses a princely spirit among the people.

Virtues are no less contagious than vices.

"There needs but one wise man in a company, and

「大和魂」——いかにして日本人の心となったか

第15章のポイント

日本の知性と道徳は、直接的にも、間接的にも、武士道の所産であった。「エリート」の栄光として登場した武士道はやがて国民全体の憧れとなり、その精神となった。
「大和魂」がいかにして日本人の魂となったかに迫る。

一般大衆を引きつけた武士道の徳目

　武士道の徳目は私たちの日本人一般の道徳水準よりもはるかに抜きんでている。今まで、私たちは連山のようにそびえ並んでいる武士道の徳目の中で、ひときわ秀でているほんのいくつかの峰を考察してきた。

　太陽が昇るとき、まずもっとも高い山頂を朱に染め、やがてしだいに下方の山腹や峡谷へ光が注がれる。このことと同じように、当初、武士階級を啓発した武士道の道徳体系は、一般大衆の中からこれに追随する者を引きつけていった。

　民主主義は、天成の指導者をはぐくみ、貴族制度は人民の中に君主制にふさわしい精神を注入する。

　美徳は悪徳に劣らず伝染しやすい。
　「たった一人の賢人が仲間の中にいればよい。そうすれ

169

all are wise, so rapid is the contagion," says Emerson.

No social class or caste can resist the diffusive power of moral influence.

What Japan was she owed to the samurai.

They were not only the flower of the nation, but its root as well.
All the gracious gifts of Heaven flowed through them.
Though they kept themselves socially aloof from the populace, they set a moral standard for them and guided them by their example.
I admit Bushido had its esoteric and exoteric teachings; these were eudemonic, looking after the welfare and happiness of the commonalty; those were aretaic, emphasising the practice of virtues for their own sake.

The innumerable avenues of popular amusement

ば全員が賢くなる。伝染力というものはかくも急速である」とエマソンはいう。
　どのような社会的身分や特権も、道徳の影響が広まる力には対抗できない。

　過去の日本はサムライにそのすべてを負っている、といっても過言ではないだろう。
　彼らは民族の花であり、かつ根源でもあったのだ。

　天のあらゆる恵み深い贈り物はサムライを通じてもたらされた。
　社会的存在としては、武士は一般庶民に対して超越的な地位にあった。けれども彼らは道徳の規範を定め、みずからその模範を示すことによって民衆を導いた。
　私は武士道が武士階級自体に対する奥義ともいうべき教訓と、通俗的な教訓をあわせもっていることを認めるものである。あるものは人民の福祉と幸福を乞い願う超階級的な善意であり、あるものは武士階級自身のための徳目の実践を強調する気高い規律であった。

サムライは民族全体の「美しき理想」
　大衆娯楽、大衆教化のさまざまな手段——芝居、寄席、

and instruction—the theatres, the story-tellers' booths, the preacher's dais, the musical recitations, the novels,—have taken for their chief theme the stories of the samurai.

The samurai grew to be the *beau ideal* of the whole race. "As among flowers the cherry is queen, so among men the samurai is lord," so sang the populace.

Debarred from commercial pursuits, the military class itself did not aid commerce; but there was no channel of human activity, no avenue of thought, which did not receive in some measure an impetus from Bushido.

Intellectual and moral Japan was directly or indirectly the work of Knighthood.

In manifold ways has Bushido filtered down from the social class where it originated, and acted as leaven among the masses, furnishing a moral standard for the whole people.

The Precepts of Knighthood, begun at first as the

講釈、浄瑠璃、読本などはサムライの物語を主たる題材とした。

サムライは民族全体の「美しき理想」となった。「花は桜木、人は武士」と歌われた俗謡は津々浦々に行き渡った。

武士階級は営利を追求することを堅く禁じられていたために、直接商売の手助けをするということはしなかった。しかしながら、いかなる人間の活動も、いかなる思考の方法も、武士道からの刺激を受けずにはいられなかった。

日本の知性と道徳は、直接的にも、間接的にも武士道の所産であった。

「エリート」の栄光、憧れ、そして「大和魂」へ

さまざまな局面で武士道は、その生みの親であった社会的身分からさまざまな道筋を経て流れ出し、大衆の間で酵母として働き、日本人全体に対する道徳の基準を供給した。

武士道は当初、「エリート」の栄光として登場した。だ

glory of the *élite*, became in time an aspiration and inspiration to the nation at large; and though the populace could not attain the moral height of those loftier souls, yet *Yamato Damashii*, the Soul of Japan, ultimately came to express the *Volksgeist* of the Island Realm.

If religion is no more than "Morality touched by emotion," as Matthew Arnold defines it, few ethical systems are better entitled to the rank of religion than Bushido.

Motoöri has put the mute utterance of the nation into words when he sings:

"Isles of blest Japan!
　Should your Yamato spirit
Strangers seek to scan,
　　Say—scenting morn's sunlit air,
　　Blows the cherry wild and fair!"

がやがて国民全体の憧れとなり、その精神となった。庶民は武士の道徳的高みにまで達することはできなかったが、「大和魂」、すなわち日本人の魂は、究めるところこの島国の民族精神(フォルクスガイスト)を表すにいたった。

サクラは「大和魂」の典型

　マッシュー・アーノルド（註1）が定義したように宗教が「情念によってひきだされた道徳」にすぎないものであるとすれば、武士道はまさしく、宗教の列に加えられるべき資格を有する道徳体系に他ならない。
　本居宣長（註2）は、
　しきしまのやまと心を人とはば
　朝日ににほふ山ざくらばな（肖像自讃）
　と詠んで日本人の純粋無垢な心情を示す言葉として表わした。

註1　Arnold, Matthew（1822—1888）　イギリスの評論家、詩人。オックスフォード大学教授。『文化とアナーキー』、『神とバイブル』など。古典を作品評価の規準とみなし、文学を人生の批評とみる。

Yes, the sakura* has for ages been the favourite of our people and the emblem of our character.

The refinement and grace of its beauty appeal to our æsthetic sense as no other flower can.

We cannot share the admiration of the Europeans for their roses, which lack the simplicity of our flower.

Then, too, the thorns that are hidden beneath the sweetness of the rose, the tenacity with which she clings to life, as though loth or afraid to die rather than drop untimely, preferring to rot on her stem; her showy colours and heavy odours—all these are traits

〔原著補註1〕 サクラは学名、Cerasus Pseudo-cerasusという。リンドレイによる。

たしかに、サクラ（原註1）は私たち日本人が古来から
もっとも愛した花である。そしてわが国民性の象徴であっ
た。

 サクラの花の美しさには気品があること、そしてまた、
優雅であることが、他のどの花よりも「私たち日本人」の
美的感覚に訴えるのである。

 私たちはヨーロッパ人とバラの花を愛でる心情をわかち
合うことはできない。バラには桜花のもつ純真さが欠けて
いる。

 それのみならず、バラは、その甘美さの陰にとげを隠し
ている。バラの花はいつとはなく散り果てるよりも、枝に
ついたまま朽ち果てることを好むかのようである。その生
への執着は死を厭い、恐れているようでもある。しかもこ
の花にはあでやかな色合いや、濃厚な香りがある。これら

註2 本居宣長（1730―1801） 江戸中期の国学者。伊勢松坂の人。京都に出て、儒、医を学び、賀茂真淵の門下に入る。外来思想を排し日本古典を文学として研究する。『古事記伝』、『玉くしげ』など精力的な著述活動を行う。

177

so unlike our flower, which carries no dagger or poison under its beauty, which is ever ready to depart life at the call of nature, whose colours are never gorgeous, and whose light fragrance never palls.

Is, then, this flower, so sweet and evanescent, blown whithersoever the wind listeth, and shedding a puff of perfume, ready to vanish forever, is this flower the type of the Yamato spirit?

Is the soul of Japan so frailly mortal?

はすべて日本の桜にはない特性である。

　私たちの日本の花、すなわちサクラは、その美しい粧いの下にとげや毒を隠し持ってはいない。自然のおもむくままにいつでもその生命を棄てる用意がある。その色合いはけっして華美とはいいがたく、その淡い香りには飽きることがない。

　では、このように美しく、かつはかなく、風のままに散ってしまうこの花、ほんのひとときの香りを放ちつつ、永遠に消え去ってしまうこの花が「大和魂」の典型なのだろうか。

　日本の魂とはこのようにもろく、滅び去ってしまう運命にあるのだろうか。

第16章
武士道は甦るか

IS BUSHIDO STILL ALIVE?

Has Western civilisation, in its march through our land, already wiped out every trace of its ancient discipline?

It were a sad thing if a nation's soul could die so fast.

That were a poor soul that could succumb so easily to extraneous influences.

The character which Bushido stamped on our nation and on the samurai in particular, cannot be said to form "an irreducible element of species," but nevertheless as to the vitality which it retains there is no doubt.

Were Bushido a mere physical force, the momen-

武士道は甦るか

第16章のポイント

武士道は日本の活動精神、そして推進力であった。しかし、日本に押し寄せてきた西洋文明によって、その余命はあといくばくもないかのようである。
武士道精神は新しい日本を形成する力となりうるのだろうか。

武士道は日本の活動精神、そして推進力である

　日本に怒濤のように押し寄せてきた西洋文明は、わが国古来の訓育の痕跡を消し去ってしまったのであろうか。

　一国民の魂がそれほど早く死滅してしまうものとすれば、それはまことに悲しむべきことである。
　外からの影響に対していともたやすく敗退するものならば、それはきわめて貧弱な魂といわねばならない。

　武士道が日本国民、特にサムライに刻みつけた性格は「種族にとって取り除くことができない要素」を成しているとは言いがたい。しかしながら武士道が蓄えている活力については、まったく疑問がない。

　仮に武士道が単なる物理的な力にすぎなかったとしても、

tum it has gained in the last seven hundred years could not stop so abruptly.

Were it transmitted only by heredity, its influence must be immensely widespread.

An unconscious and irresistible power, Bushido has been moving the nation and individuals.

It was an honest confession of the race when Yoshida Shôin, one of the most brilliant pioneers of Modern Japan, wrote on the eve of his execution the following stanza:

"Full well I knew this course must end in death;
It was Yamato spirit urged me on
To dare whate'er betide."

武士道は甦るか

過去七百年の間に獲得してきた勢いが突然停止することはありえない。

　もしそれが遺伝によってのみ伝えられたものであるとしても、その影響は広汎な範囲に及んでいるに違いない。

　武士道は、ひとつの無意識的な、あらがうことのできない力として、日本国民およびその一人一人を動かしてきた。

　近代日本のもっとも輝かしい先駆者の一人である吉田松陰（註１）が刑死前夜にしたためた次の歌は日本国民の偽らざる告白である。

　かくすればかくなるものと知りながらやむにやまれぬ大和魂

註１　吉田松陰（1830—1859）　幕末の長州藩出身の思想家。山鹿流軍学の家を継ぎ、江戸で佐久間象山に師事。ペリー来航（1854年）のとき、密航を企てて失敗、萩の野山獄へ。のち邸内に松下村塾をひらき久坂玄瑞、高杉晋作らを教育、安政の大獄で刑死。

Unformulated, Bushido was and still is the animating spirit, the motor force of our country.

When Mr. Henry Norman declared, after his study and observation of the Far East, that the only respect in which Japan differed from other oriental despotisms lay in "the ruling influence among her people of the strictest, loftiest, and the most punctilious codes of honour that man has ever devised," he touched the mainspring which has made New Japan what she is, and which will make her what she is destined to be.

The transformation of Japan is a fact patent to the whole world.

Into a work of such magnitude various motives naturally entered; but if one were to name the principal, one would not hesitate to name Bushido.

When we opened the whole country to foreign trade, when we introduced the latest improvements in every department of life, when we began to study Western politics and sciences, out guiding motive was

系統立てて説かれたわけではないが、武士道は日本の活動精神、推進力であったし、また現に今もそうである。

自己の名誉心、これが日本の発展の原動力

　ヘンリー・ノーマン氏（註2）は、極東事情を研究観察して、日本が他の東洋の専制国家と異なる唯一の点は「人類がかつて考え出したことの中で、もっとも厳しく、高尚で、かつ厳密な名誉の掟が、国民の間に支配的な影響力を持つ」ことであると断言した。そのとき、ノーマン氏は今日の新しい日本を造り、かつ将来のあるべき方向へと進めている中心軸にふれたのである。

　日本の変貌は今や全世界に明らかな事実である。

　このような重大な事業には様々な動機が自然に入りこんだ。しかし、その主要な力は何か、と問われれば、ためらうことなく、それは武士道であるということができる。
　日本が外国貿易に全国を開放したとき、生活のあらゆる部分に最新の改良を輸入したとき、西洋の政治と学問を学び始めたとき、私たち日本人を動かした推進力はけっして物質資源の開発や、富の増加ではなかった。ましてや西洋

註2　Norman, Sir Henry "The Far East" 375 ページ。
訳者註(1858―1939)イギリスのジャーナリスト、旅行家。主著 "The Real Japan" "People and Politics of the Far East"

not the development of our physical resources and the increase of wealth; much less was it a blind imitation of Western customs.

Mr. Townsend has well perceived that the spring of action which brought about the changes in Japan lay entirely within our own selves; and if he had only probed into our psychology, his keen powers of observation would easily have convinced him that this spring was no other than Bushido.

The sense of honour which cannot bear being looked down upon as an inferior power,—that was the strongest of motives.

The influence of Bushido is still so palpable that he who runs may read.

On the other hand, it is fair to recognise that for the very faults and defects of our character, Bushido is largely responsible.

Our lack of abstruse philosophy—while some of

の習慣の模倣などではなかったのである。

　タウンゼント氏は、日本に変化をもたらした活動のバネはまったく日本人自身の内にあったことをよく見抜いていた。そして彼がなお日本人の心情をより深く探索していたら、洞察力の鋭いこの人は、このバネが武士道以外の何物でもないことを容易に確認しただろう。

　劣等国と見なされることに耐えられない、という名誉心。これが動機の中で最大のものであった。

日本人以上に忠誠で愛国的な国民は存在しない

　武士道の感化は、今なお、どんな人間にでも読みとれるほどに明々白々である。

　しかし、その反面、私たち日本人の欠点や短所もまた、大いに武士道に責任があると認めざるを得ない。

　日本人が深遠な哲学を持ち合せていないことは、武士道

our young men have already gained international reputation in scientific researches, not one has achieved anything in philosophical lines—is traceable to the neglect of metaphysical training under Bushido's regimen of education.

Our sense of honour is responsible for our exaggerated sensitiveness and touchiness; and if there is the conceit in us with which some foreigners charge us, that, too, is a pathological outcome of honour.

Deep-rooted and powerful as is still the effect of Bushido, I have said that it is an unconscious and mute influence.

The heart of the people responds, without knowing a reason why, to any appeal made to what it has inherited, and hence the same moral idea expressed in a newly translated term and in an old Bushido term, has a vastly different degree of efficacy.

の訓育にあっては形而上学の訓練が重視されていなかったことにその原因を求めることができる。

　幾人かの若い日本人が科学研究の領域において、すでに世界的な名声を博しているにもかかわらず、哲学の分野ではいまだに一人として一家を成した人は現われていない。

　日本人の感じやすく、また激しやすい性質は私たちの名誉観にその責任がある。そして、外国人がしばしばとがめるように、日本人は尊大なまでの自負心を持っている、というのであれば、これもまた名誉心の病的な行きすぎによるものである。

武士道による無言の感化

　武士道の影響は今なお深く根づき、かつ強力である。だが先に述べたように、その影響は必ずしも意識されたものではなく、無言の感化である。

　日本人の心は、たとえその理由が明らかでないときでも、父祖から継承した観念に対する訴えには応答する。そのことは、たとえ同一の道徳観念であっても、新しい翻訳用語と、古い武士道の用語によって表現されたものの間には大きな開きがあることを意味している。

第17章

武士道の遺産から何を学ぶか

THE FUTURE OF BUSHIDO

Few historical comparisons can be more judiciously made than between the Chivalry of Europe and the Bushido of Japan, and, if history repeats itself, it certainly will do with the fate of the latter what it did with that of the former.

The particular and local causes for the decay of chivalry which St. Palaye gives, have, of course, little application to Japanese conditions; but the larger and more general causes that helped to undermine knighthood and chivalry in and after the Middle Ages are as surely working for the decline of Bushido.

One remarkable difference between the experience of Europe and of Japan is, that whereas in Europe, when chivalry was weaned from feudalism and was

武士道の遺産から何を学ぶか

第17章のポイント

守るべき確固たる教義や公式をもたないために、
武士道は一つの独立した道徳の掟としては消滅し、
武勇と文徳の教訓は解体されるかもしれない。
しかし、その光と栄誉は廃墟を超えて蘇生するにちがいない。

武士道はその姿を消す運命にあるのか

ヨーロッパの騎士道と日本の武士道ほど、両者の歴史的な比較をするという行為が適切であるという例はきわめて稀である。歴史は繰り返す、ということがありうるならば、武士道の運命はヨーロッパの騎士道のたどった運命をあとづけることになろう。

サント・パレイエ（註1）が騎士道の衰退について述べた特殊な、かつ地域的な理由は、日本の状況にはもちろんあてはまらない。だが中世および中世以降、騎士と騎士道をおとしめてきたより大きな、より一般的な原因は、着実に武士道の衰退にも作用している。

ヨーロッパの経験と日本のそれとの間にははっきりとした差異がある。ヨーロッパでは騎士道は封建制度から引き離されるや、ただちにキリスト教会に引き取られて、あら

註1　St. Palaye（1697—1781）　フランスの辞典学者。中世言語学の専門家。

191

adopted by the Church, it obtained a fresh lease of life, in Japan no religion was large enough to nourish it; hence, when the mother institution, feudalism, was gone, Bushido, left an orphan, had to shift for itself.

The present elaborate military organisation might take it under its patronage, but we know that modern warfare can afford little room for its continuous growth.

Shintoism, which fostered it in its infancy, is itself superannuated.

The hoary sages of ancient China are being supplanted by the intellectual parvenu of the type of Bentham and Mill.

Moral theories of a comfortable kind, flattering to the Chauvinistic tendencies of the time, and therefore thought well adapted to the need of this day, have been invented and propounded; but as yet we hear only their shrill voices echoing through the columns of yellow journalism.

Principalities and powers are arrayed against the Precepts of Knighthood. Already, as Veblen says, "the

---

註2　Bentham, Jeremy（1748—1832）　イギリスの法学者、哲学者。人生の目的は「最大多数の最大幸福」にあり、とする功利主義 "utilitism" の主唱者。主著『道徳及び立法の原理の序論』。

たに余命を保ち得た。日本においては武士道を養い育てようとする宗教はどこにもなかった。したがって封建制度という、その母が遠く去ってしまうと武士道は孤児となり、自力で進むべき方向を見出さねばならなかった。

現代のよく整った軍隊組織が武士道をその保護下におくかもしれない。しかし周知のように、現代の戦争は武士道が引き続き成長する条件をいささかも持ち合わせていない。

幼年期の武士道を育てあげた神道は、あまりにも老化してしまった。

中国古代の聖賢はベンサム（註2）やミル（註3）などのタイプの知的新参者にとって代わられた。

時の好戦的、排外主義的傾向に迎合し、そのために今日の需要によく適合した快楽主義的な道徳理論が考え出され、提供されてきた。だが、それらの騒々しい叫び声はまだ通俗的なジャーナリズムのかこみ記事で耳にする程度にすぎない。

武士道に対抗すべくさまざまな勢力や軍勢がきびすを接している。ヴェブレンが述べているように、すでに「本来

註3　Mill, James（1773—1836）　スコットランドの哲学者、経済学者。ベンサムとともに功利主義を唱える。主著『経済学綱要』。

decay of the ceremonial code—or, as it is otherwise called, the vulgarisation of life—among the industrial classes proper, has become one of the chief enormities of latter-day civilisation in the eyes of all persons of delicate sensibilities."

Alas for knightly virtues! alas for samurai pride!
Morality ushered into the world with the sound of bugles and drums, is destined to fade away as "the captains and the kings depart."

Universal and natural as is the fighting instinct in man, fruitful as it has proved to be of noble sentiments and manly virtues, it does not comprehend the whole man.

Beneath the instinct to fight there lurks a diviner instinct—to love.

We have seen that Shintoism, Mencius, and Wan Yang Ming, have all clearly taught it; but Bushido and all other militant types of ethics, engrossed doubtless, with questions of immediate practical need, too often

の産業的諸階級の間における儀礼的規範の衰微、いいかえれば生活の俗化は、繊細な感受性を持ったた人びとの目から見るならば文明の末期的症状のひとつである。」

悲しいかな武士道、悲しいかなサムライの誇り。
鉦や陣太鼓の響きとともに世間に迎え入れられた道徳は「名将や名君が立ち去る如く」その姿を消す運命にある。

名誉、勇気、そして武徳のすぐれた遺産を守れ

人間の闘争本能というものは普遍的で、かつ自然なものであり、また高尚な感性、男らしい徳目であるとしても、それは人間性のすべてではない。

もっと神々しい本能、すなわち愛するという本能が闘争本能の下にある。

私たちは神道や、孟子、さらに王陽明が明確にそのことを教えていることを見てきた。しかし、武士道や、戦闘者タイプの道徳は疑いもなく、直接的な現実の欠くべからざる問題にのみ取り組まざるを得なかった。そのため、しば

forgot duly to emphasise this fact.

Life has grown larger in these latter times.

Callings nobler and broader than a warrior's claim our attention to-day.

With an enlarged view of life, with the growth of democracy, with better knowledge of other peoples and nations, the Confucian idea of benevolence—dare I also add the Buddhist idea of pity?—will expand into the Christian conception of love.

Men have become more than subjects, having grown to the estate of citizens; nay, they are more than citizens—being men.

Though war clouds hang heavy upon our horizon, we will believe that the wings of the angel of peace can disperse them.

The history of the world confirms the prophecy that "the meek shall inherit the earth."

A nation that sells its birthright of peace, and backslides from the front rank of industrialism into the file of fillibusterism, makes a poor bargain indeed!

When the conditions of society are so changed that

しばこの愛するという本能の存在を正当に取り扱うことを閑却してきたのである。

近年、とみに生活にゆとりが生じてきている。

武士の訴えてきた使命よりも、もっと気高く、もっと幅広い使命が今日、私たちに要求されている。

広がった人生観、デモクラシーの成長、他民族、他国民に対する知識の増大とともに、孔子の仁の思想――あるいは仏教の慈悲の思想もこれに加えるべきか――はキリスト教の愛の観念へとつながっていくだろう。

人はもはや臣下以上のものとなり、市民という存在に成長した。否、人は市民以上のもの、すなわち人間なのである。

現在、戦雲が日本の水平線上に垂れこめている。だが平和の天使の翼がこれを吹き払ってくれることを信じよう。

世界の歴史は「やさしき者は地を嗣がん」という予言を確信しうるものである。

生まれながらの権利である平和を売り渡し、産業振興の前線から退いて、侵略主義の戦略に加わるような国民はまったくくだらない取り引きをしているのだ。

社会の状況が大きく変化し、もはや武士道に対抗するだ

they have become not only adverse but hostile to Bushido, it is time for it to prepare for an honourable burial.

With us, the edict formally abolishing feudalism in 1870 was the signal to toll the knell of Bushido.

The edict, issued five years later, prohibiting the wearing of swords, rang out the old, "the unbought grace of life, the cheap defence of nations, the nurse of manly sentiment and heroic enterprise," it rang in the new age of "sophisters, economists, and calculators."

The great inheritance of honour, of valour, and of all martial virtues is, as Professor Cramb very fitly expresses it, "but ours on trust, the fief inalienable of the dead and of the generations to come," and the summons of the present is to guard this heritage, nor to bate one jot of the ancient spirit; the summons of the future will be so to widen its scope as to apply it in all walks and relations of life.

註4　1871年の廃藩置県をさす。「タトル版」原文では「1870年の封建制の撤廃」とあるが、これは71年の誤り。

けでなく、敵対する条件が備わった今日は、武士道にとっては名誉ある葬送の準備をはじめるときである。

　私たち日本人にとっては、一八七一年の廃藩置県の詔勅（註4）が武士道の弔鐘となるべき合図であった。
　その五年後に公布された廃刀令は昔の「手に汗することなく人生をおくる恩典、安上がりの国防、男らしい感性と英雄的な行動の保護者」が尽き果てたこと、そして「詭弁家、金もうけ主義者、計算高い連中」の新時代に入ったことのあかしであった。

　もっとも進んだ思想をもつ日本人の表皮をはいでみよ。そこに人はサムライを見るだろう。名誉、勇気、そしてすべての武徳のすぐれた遺産はクラム教授（註5）によってまことに適切に言い表わされている。すなわち、それは「我々が預かっている財産にすぎず、祖先および我々の子孫のものである。それは誰も奪いとることができない人類永遠の家禄」である。したがって現在の我々の使命はこの遺産を守り、古来の精神をそこなわないことである。その未来における使命はその人生のすべての行動と諸関係に応用していくことである。

註5　Prof. Cramb（生没年不詳）

It has been predicted—and predictions have been corroborated by the events of the last half-century—that the moral system of Feudal Japan, like its castles and its armouries, will crumble into dust, and new ethics rise phœnix-like to lead New Japan in her path of progress.

Desirable and probable as the fulfilment of such a prophecy is, we must not forget that a phœnix rises only from its own ashes, and that it is not a bird of passage, neither does it fly on pinions borrowed from other birds.

Having no set dogma or formula to defend, it can afford to disappear as an entity; like the cherry blossom it is willing to die at the first gust of the morning breeze.

But a total extinction will never be its lot.

Bushido as an independent code of ethics may van-

不死鳥はみずからの灰の中より甦る

　封建日本の道徳体系は、その城廓や武具と同様に崩壊して土に帰した。しかし新しい道徳が不死鳥のように立ちあがり、進歩の道へと新しい日本を導いていくであろうと、いわれてきた。そしてこの半世紀の間にこの預言は確証されてきた。

　このような預言が成就されることはまことに望ましく、またありうることである。
　しかし私たちは、不死鳥はみずからの灰の中からのみ再生すること、けっしてどこかから渡ってくる鳥ではないこと、そしてまた他の鳥から借りた翼で飛びたつものではないことを忘れてはならない。

武士道は不滅の教訓である

　守るべき確固たる教義や公式を持たないために、武士道は朝の一陣の風であえなくも散っていく桜の花びらのように、その姿をまったく消してしまうことだろう。

　だがその運命はけっして絶滅したのではない。

　武士道は一つの独立した道徳の掟としては消滅するかも

ish, but its power will not perish from the earth; its schools of martial prowess or civic honour may be demolished, but its light and its glory will long survive their ruins.

Like its symbolic flower, after it is blown to the four winds, it will still bless mankind with the perfume with which it will enrich life.

Ages after, when its customaries will have been buried and its very name forgotten, its odours will come floating in the air as from a far-off, unseen hill, "the wayside gaze beyond";

—then in the language of the Quaker poet,

"The traveller owns the grateful sense
Of sweetness near, he knows not whence,
And, pausing, takes with forehead bare
The benediction of the air."

しれない。しかしその力はこの地上から消え去ることはない。

その武勇と文徳の教訓は解体されるかもしれない。しかしその光と栄誉はその廃墟を超えて蘇生するにちがいない。

あの象徴たる桜の花のように、四方の風に吹かれたあと、人生を豊かにする芳香を運んで人間を祝福しつづけることだろう。

何世代か後に、武士道の習慣が葬り去られ、その名が忘れ去られるときが来るとしても、「路辺に立ちて眺めやれば」、その香りは遠く離れた、見えない丘から漂ってくることだろう。

この時、あるクエーカーの詩人（註6）はうるわしい言葉で歌う。

いずこよりか知らねど近き香気に、
感謝の心を旅人は抱き、
歩みを停め、帽を脱りて
空よりの祝福を受ける。

註6　Whittier, John Greenleaf の作。"Snow-Bound" の最後の四節より引用したもの。

武士道

知識ノート編

新渡戸稲造の生涯（一）
新渡戸稲造はどんな人物だったのか

幼年時代

◆名前の由来
　南部藩の勘定奉行だった稲造の祖父傳は、藩内各地の開拓工事を成功させた「不撓不屈の人」であった。奥入瀬渓流からトンネルを掘り、苦労の末に完成させた稲生川上水は十和田地方の大動脈となった。事業はその子十次郎（稲造の父）をはじめ、新渡戸一族が総力を結集して行われたという。

　稲生川上水が完成し、初めて稲の収穫ができた直後、十次郎の三男が生まれた。その子は、稲作の喜びにちなんで稲之助と命名された。のちの新渡戸稲造である。

◆聡明だった母せき
　母せきは夫が仕事で留守がちだったにもかかわらず、男子３人、女子３人、妾腹の女子１人、計７人の子どもを養育した、藩でも評判の賢夫人だった。

新渡戸稲造の生涯(一) 新渡戸稲造はどんな人物だったのか

『武士道』の著者である新渡戸稲造は、武士の魂を生涯その心に抱き続けた。彼はまた、敬虔(けいけん)なクリスチャンであり、世界を舞台に活躍する国際人でもあった。明治維新から太平洋戦争に至る激動の時代を駆け抜けた新渡戸稲造とは、いったいどんな人物だったのだろう。

　維新前後の時代、世間ではまだ、牛肉を食べる習慣はなかった。にもかかわらず、せきはすすんで牛鍋を食卓に供した。初めて牛肉を口にしたときの美味しさと、「牛がお寺に逃げ込んだという話はみな作り話で、本当は体のため

▼新渡戸稲造

に滋養になる。お前たちが好きなら、これからもたびたび頂きましょう」といった母親の凛とした声を、稲造は大人になっても忘れなかった。

◆マッチ、オルゴール、ナイフとフォーク

稲造の父十次郎は江戸詰勘定奉行だったため、盛岡の新渡戸家には早くから十次郎が持ち帰った西洋の舶来品があった。古箪笥の奥にしまわれた渡来物のマッチやスイス製のオルゴール、ビロードの箱に入った銀製のナイフやフォーク、鉛筆……、いつも真っ先に使うのが末っ子の稲造だった。好奇心旺盛だった稲造の心は、しだいに西洋への憧憬(どう)(けい)で満たされていった。

◆初めて武士道を感じた日

そうはいっても、いまだ祖父も父も子弟には漢文や武術を教えるだけで、稲造も武士の子としてしきたり通り扱われた。5歳になったとき、武士になる儀式「袴着の式」が行われた。初めて袴や刀を身につけた稲造は、幼いながらも武士道の精神を強く感じたという。この日から男子として朝は暗いうちから道場に通い、柔道・撃剣(げっけん)の稽古をし、四書五経を主とする漢文の勉強をはじめた。

新渡戸稲造の生涯(一) 新渡戸稲造はどんな人物だったのか

◆佩刀禁止令

1876年（明治9年）、佩刀禁止令が発令された。7歳まで刀をさし、武士の誇りと責任を感じていた稲造だったが、いよいよ刀をはずしたときは腰のあたりが淋しく、すっかり意気消沈してしまった。廃刀は幼な心にとってもかなりのショックだったようだ。

青年時代

◆英語ブームの中で

1871年（明治4年）、10歳のとき東京に住む叔父、太田時敏の養子となり、太田姓を名乗ることになった。これを機に、名を稲造と改める。明治になったばかりのころで、世の中はただただ西洋に学べという風潮に席巻されていた。英語の勉強が大流行していた時代で、稲造も養父の勧めで築地の英語学校に通うことになった。その後に入学した藩学共慣義塾でも、国語や漢文のほかに英語の授業があった。稲造が勉強熱心なのを見て、叔父は彼を開校間もない東京外語学校に入学させた。

◆札幌農学校入学

1876年（明治9年）、北海道開拓使長官黒田清隆の力により、米州立大学をかたどった農学校が札幌に創設され、

209

マサチューセッツ農科大学のクラーク博士が招聘された。この学校の目的は、将来政府の行政機関で働く青年を育て、内地から移住した人々のために土地を開拓して新しい社会をつくることだった。稲造もさっそく願書を出し入学試験に合格したが、年齢が2つほど若かったため2期生としての入学を許可された。2期生の中には内村鑑三や宮部金吾（植物学者）も含まれていた。

◆キリスト教に入信

　稲造（16歳）、鑑三（17歳）、金吾（18歳）の3人は兄弟のように親しくなった。英語の練習のために会話はいっさい英語を用いることにし、日本語を使ったときには罰金を徴したりもした。成績は常に鑑三と一、二を争うほど優秀で、特に英語の成績では稲造に及ぶ者はいなかった。クラーク博士はすでに稲造の入学以前に帰米していたため、博士の教えを直接受ける機会はなかったが、1期生を通じてキリスト教の教えを受け継いだ稲造は、入学1カ月後にはすでにクラークが遺した「イエスを信じる者の契約」に署名し、キリスト教徒になっていた。洗礼名はパウロ。

◆東京大学に幻滅、アメリカに渡る

1881年(明治14年)20歳で札幌農学校を卒業した稲造は、開拓使御用掛として勤務するが、農政学や農業経済を学ぶために官職を辞し東京大学に入学する。このとき、文学部教授の外山正一に「君は英文をやって何をするのですか」と聞かれ、稲造は「太平洋の橋になりたいと思います」と答えている。すでにこのころ、「願わくはわれ太平洋の橋とならん」という後の名文句の基となる希望を胸に抱いていたことがわかる。「日本の思想を外国に伝え、外国の思想を日本に普及する媒酌になりたいのです」と述べた稲造を、外山教授は懇切丁寧に指導してくれた。しかし、信仰熱心だった稲造にとって、宗教的雰囲気が欠乏している東京大学は居心地が悪かった。加えて講義の内容が貧弱で、尊敬できる先生もおらず、東京大学にすっかり失望した稲造は、心機一転、洋行を決意する。

留学時代

◆アメリカからドイツへ

留学したボルチモアのジョンス・ホプキンス大学では3年間にわたり、経済学、農政学、農業経済、行政、国際法、歴史学、英文学、ドイツ語などを学んだ。貧乏留学生ゆえにアルバイトをしなければならなかった稲造のために、周

囲のアメリカ人が学費の援助を申し出たこともあったが、彼は外国人から金を受け取ることを潔しとせず、断固辞退して奮闘し続けた。ちょうどこのころ、クエーカー派の人々と親しくなった稲造は、クエーカーの素朴で簡素な神中心の考え方に惹かれていく。

　1887年（明治20年）、稲造は札幌農学校の1年先輩で後に農学校校長事務代理になっていた佐藤昌介から農学校助教授に任じられ、農政学研究のために3年間のドイツ留学を言い渡される。そのころ佐藤は、札幌農学校発展のために優秀な教授を集める必要性を痛感していた。稲造の将来への路線はここで確定する。

◆ラヴレー教授と出会う

　ドイツのボン大学では農政および農業経済を研究したが、稲造を感心させたのは学生たちの礼儀正しさだった。彼は後に、「学生間の礼儀の正しい点は、古武士の風を追慕せしむる、またそれ以上のものがある」と書いている。

　日本にいるころからその評判を聞き、著述を読んではやくから敬慕していたベルギーの碩学ラヴレー教授に、稲造は紹介者も介さずに「面会し教えを受けたい」という趣旨の手紙を送る。ほどなくして、教授から「私の家に来い」と返事が来た。稲造の訪問を温かく迎えてくれた教授の家

に、結局彼は1週間も泊まっている。その間、教授の散歩にお供し、講義があるときは教室に出席し、教授がどこかに招待されれば同伴した。このとき教授と交わした会話が、後に稲造が『武士道』を書くきっかけとなった。教授から「日本の学校で宗教教育は何を授けるか」と聞かれ、稲造は「宗教など教えませぬ、仏教も神道も学校内では教えませぬ」と答えた。それに対して教授はひどく驚き、「それじゃあ、学校で倫理はどうやって教えるのか。どうして善悪の区別を覚えるのだろう」と稲造に尋ねたという。この間のやりとりが、『武士道』の序文となった。

◆結婚

ボン大学からベルリン大学、ハレ大学と移った稲造のもとに、郷里盛岡の長兄が亡くなったという知らせがきた。

▼新渡戸稲造と万里夫人

跡継ぎがいないため、稲造はふたたび新渡戸姓に戻る。1891年（明治24年）、ドイツから帰朝する途中フィラデルフィアに立ち寄り、5年前に知り合い文通などで愛を育んできたメリー・エルキントンと結婚する。稲造の家族はもちろん、メリーの両親にも反対されたままの結婚だった。

願わくはわれ太平洋の橋とならん

◆教育者として札幌に赴任

1891年（明治24年）、稲造はメリーを伴い、懐かしい札幌に着いた。駅には佐藤昌介ほか全教授が出迎えるという歓迎ぶりだった。農学校では農政学、植民論、農史、農業総論、経済学などの専門学科のほかに、英文学やドイツ語も教えた。「教育は祈りをもってなさるべき」との確信をもっていた彼は教室に出る前、数分の黙禱をもって授業に臨んだという。

札幌時代は、経営困難だった札幌農学校を全力で支えながら、私学の北鳴学校や貧しい子どもたちのための遠友夜学校の設立にも力を尽くした。また、同時に北海道庁の技師を兼任する多忙ぶりで、その間にも文筆活動は続けていたという。しかし、そんな日ごろの無理が高じて、やがて病床に就くことが多くなった。

◆『武士道』を執筆

1897年(明治30年)、稲造はすべての職を退き、伊香保で転地療養することになった。翌年、メリー夫人の熱心な勧めでカリフォルニアに移った稲造は、そこで10年前にラヴレー博士から突きつけられた問いに答えるべく、『武士道』の執筆に取り組んだのだった。1年後、アメリカで出版された『Bushido, the Soul of Japan』は、稲造の名を世界中に知らしめる名著となった。その反響は予想をはるかに超え、何国語にも翻訳された。

◆台湾総督府技師となる

1895年(明治28年)、日清戦争に勝利した日本は台湾を領土とし、台湾統治のために総督府を置くことになった。しかし当時の台湾経済は崩壊寸前で、台湾は放棄した方がいいという極論もあったほど。台湾経済を自立させるために、糖業政策を一新することになり、そこで稲造に白羽の矢が立った。彼はまず、海外から改良されたサトウキビの苗を輸入し、新たに糖業政策上の施設を促し、台湾糖業の基礎を築いた。その結果、生産は1902年以降躍進的な発展をとげ、1928～29年の生産高は世界一の産地であるハワイに迫り、台湾は世界五大生産地のひとつとなったのである。

◆ふたたび教育者としての道をゆく

　台湾の糖業を軌道に乗せた稲造は、1903年（明治36年）、京都帝国大学教授として迎えられた。また、3年後には時の文部大臣牧野伸顕より第一高等学校校長に就任するよう説得され、帝大教授兼任という形で受け入れる。

　1911年、50歳になったとき、稲造は第一回日米交換教授としてアメリカに渡り、各地の大学で講義をおこなった。折りしもアメリカでは無知が原因と思われる反日感情が高まっていた。稲造の使命はこの無知をいかに啓蒙するかだった。それはまた、「太平洋の橋とならん」という彼の願いを実現する好機でもあった。

　しかし、帰朝後体調を崩した稲造は、1913年、第一高等学校の校長を辞することになった。その後は出版社の顧問となり、もっぱら社会教育に専念する。若いころから女子教育の重要性を痛感していた彼は、1918年、東京女子大学の創立に際し、学長に就任する。

◆国際連盟事務次長に就任

　1920年（大正9年）、稲造は誕生間もない国際連盟事務

次長としてジュネーブに渡る。国際連盟の普及と実践に努力すると同時に、世界の碩学を集めた国際連盟知的協力委員会（ユネスコの基礎）の中心として7年もの長きにわたって尽力する。

◆カナダのヴィクトリアにて客死

　事務次長退任後も太平洋問題調査会理事長として活躍するが、稲造の願いとはうらはらに、日本は満州事変を契機として、軍部の勢力がますます大きくなっていった。右翼による政治家要人を狙ったテロが頻発し、さらには五・一五事件が勃発。かねてから日本における有力な自由主義者と見られていた稲造の言動は常に監視されており、身辺に危険さえ迫っていた。日本はついに国際連盟を脱退。こうした中でも、彼は「太平洋の橋」になるべく、太平洋問題調査会の団長としてカナダのバンフの会議に臨み、全身全霊を傾けた。会議の後、ヴィクトリアで激しい腹痛に襲われた稲造は入院する。病名はすい臓難症だった。手術後一時快方に向かったが、1933年10月15日（日本時間16日）、異郷カナダの地で永眠する。72歳だった。

新渡戸稲造の生涯（二）
新渡戸稲造に影響を与えた人々

◆クラーク博士（William Smith Clark）
1826年～1886年

　米マサチューセッツ農科大学初代学長。任期中に日本政府の熱烈な要請を受けて、1876年（明治9年）7月に札幌農学校に赴任する。マサチューセッツ農科大学の休暇を利用しての来日という形をとった。翌年5月に離日。

　農学校では8カ月という短期間であったが、キリスト教的感化によって、直接間接の弟子を育成した。クラークの教え子13人の中に、1期生の佐藤昌介がいる。佐藤は札幌農学校卒業後アメリカに渡り、ジョンス・ホプキンス大学に学び、後に札幌農学校の校長兼教授となった。その後、北海道帝国大学創設に尽力し、初代北大総長となる。内村鑑三や新渡戸稲造は2期生だったので、クラークの教えを直接受けることはできなかったが、佐藤ら1期生を通じてその精神や教えを受け継いだ。

新渡戸稲造の生涯(二) 新渡戸稲造に影響を与えた人々

新渡戸稲造の人生には、青年時代に大きな影響を受けた二人の人物がいた。その一人が、札幌農学校に赴任していたクラーク博士である。もう一人は、同じく札幌農学校で机を並べ、共に切磋琢磨した盟友内村鑑三である。二人は、いったいどのような言葉や生き方で稲造の人生を支えたのだろう。

　クラークが残したといわれる『Boys be ambitious（青年よ、大志をいだけ）』は、札幌農学校１期生との別れの際にクラークが発したものとされているが、クラークの創作ではなく、当時、出身地のニューイングランド地方でよく使われた言い回しだったという説もある。

▼クラーク博士

帰国後は学長を辞め、新規大学の開学を企画するが失敗。その後、知人とともに鉱山会社を設立するが会社は倒産。出資者から詐欺罪で告訴されるが、判決が出る前にこの世を去った。

◆内村鑑三
1861年（文久元年）～1930年（昭和5年）

　上野高崎藩士の子として生まれる。有馬私学校、東京外国語学校に学び、1877年（明治10年）2期生として札幌農学校に入学。新渡戸稲造とは同級生であると同時に大親友となる。2人は佐藤昌介ら1期生が熱っぽく語ったクラーク博士の教えを受け、キリスト教に傾倒していった。そしてクラークが前年に残した「イエスを信ずる者の契約」に署名。翌年、M・C・ハリスより洗礼を受ける。鑑三の在学中の成績は最優秀だった。農学校では水産学を専攻し、1881年に札幌農学校を卒業する。卒業にあたり、鑑三と太田稲造（後の新渡戸稲造）、宮部金吾の3人は、将来、一身を2つのJ、すなわちJesus（イエス）とJapan（日本）に捧げることを誓い合った。

　卒業した鑑三は、日本初の水産科学者として北海道開拓使御用掛や農商務省水産課でもっぱら水産調査に従事。日本で最初の『日本産魚類目録』を作成する。

新渡戸稲造の生涯(二)　新渡戸稲造に影響を与えた人々

　1885年渡米し、エルビン児童施設の看護夫となる。鑑三は将来、ペンシルヴァニア大学に進んで医師となるべきか、新島襄が勧めるアマスト大学に行き伝道師となるべきか悩んでいたが、1885年、結局アマスト大学へ進む。ここで札幌農学校の教頭であったクラーク博士と出会うが、クラークは翌年3月に他界する。

　1888年、新島襄の斡旋で新潟の北越学館に就職するが「なんら特定の教派により信仰上の束縛を受けない」という鑑三は、外国人宣教師の援助を受けることは自主独立の精神に反することとして学校側と激しく対立、赴任後4カ月で辞職する。

▼内村鑑三

1890年、第一高等中学校（東京英語学校の後身、後の東京大学予備門）の嘱託教員として勤める。しかし、翌年、新年の授業開始にあたり年末に受領したばかりの教育勅語奉戴式が行われることになった際、教頭が教育勅語を奉読したあと、教員と生徒が直後に記された明治天皇の署名に対し「奉拝」することを求められたとき、鑑三は頭を下げなかった。彼にとって、宗教的な礼拝にあたる「奉拝」はキリスト教の神以外には決して捧げるべきものではなかったからだ。

　これがマスコミにキャッチされ、仏教各宗派の機関紙が便乗して、キリスト信徒による「不敬事件」として言い広めたため、キリスト教と日本の国体の問題へと進展する。

　1898年には「東京独立雑誌」を創刊。幕藩政府、軍人、富豪、貴族などの上層社会の腐敗や拝金主義、せまい忠君愛国主義を槍玉にあげ、かわって農民、漁師、小売商人、人力車夫などの平民を友とし、自由、平等、世界精神、高潔な倫理道徳を主張する。

　その後も日露戦争に反対し、無教会主義を貫くなど、鑑

三の「良心的キリスト者」としての生き方は生涯一貫しており、それはまた、常に新渡戸稲造の心の支えとなった。

『いま新渡戸稲造「武士道」を読む』(知的生きかた文庫)を執筆した志村史夫氏は、著書の中でこう書いている。

「武士道で育った若きサムライたちが、なぜ即座にキリスト教徒になりえたのか。実派プロテスタントの精神は、質素倹約を旨とし、自律、自助、勤勉、正直をモットーとする『自己の確立』を求めるもので、その精神はそのまま武士道に通じるものだったのである。あるいは、武士道を幼き日より道徳律として教えられていた若きサムライたちにとっては、キリスト教と武士道とは、何ら二律背反するものではなかった、といってもよい。彼らにとっては、『主君』の代わりに『神』という新しい『主』を得たのに過ぎなかったのかも知れない」

内村鑑三や新渡戸稲造がどうしてキリスト教に傾倒していったのか、武士道とキリスト教がどこで結びついたのか、理解できるような気がする。

武士はいつどのように発生したのか

◆武士の発生

　日本の歴史上、武士はいったいいつどのようにして発生したのだろう。新渡戸稲造は『武士道』の中でこう書いている。

　「ヨーロッパと同様に日本では、封建制が主流となったとき、職業階級としての武士がおのずから台頭してきた。英国では、封建的な政治制度はノルマン人の征服にさかのぼる、とされている。日本においてその発祥は、12世紀後半、源頼朝がその支配権を確立した時代と時を同じくする、といえるだろう。

　しかしながら、英国において私たちがウィリアム征服王よりかなり以前の時代にも封建制の社会的要素を見出すように、わが日本においても、封建制の萌芽は、私が今述べた時代よりはるか以前に存在していたのである」

　国際日本文化研究センター教授の笠谷和比古氏によれば、「武士が日本社会に登場してくるのは、平安時代の中ごろ、

武士はいつどのように発生したのか

武士という言葉は、古くは養老5年（721年）の『続日本紀』に登場する。たとえば、「文人・武士は国家の重んずる所、医卜方術は古今斯れ崇ぶ」というように。これらの古代武士が、武官という意味あいであることは明らかだ。武士はいつどのように発生したのか。ここでは武士の発生と歴史についてさかのぼってみようと思う。

10世紀から11世紀にかけてのころ」とのこと。もともとは貴族社会のメンバーだったのだが、古代から中世へと時代が転換していく中で、貴族社会のメンバーがそれぞれ、法律学、文学、儒学、和歌、儀式、公式文書の作成……といった特定の技能を家職として専門分業化していった。その過程において、武士もまた武技を専門職能として、国家の軍事・警察的職務を担当する社会階層としてできあがっていった。

　その代表が、源氏と呼ばれる集団である。1192年には源氏のリーダーであった源頼朝が征夷大将軍に任命され、武士の政権、すなわち幕府が誕生する。

◆武士と騎士のちがい

　日本の武士とヨーロッパの騎士はどこが違うのか。
　まず、ヨーロッパにおける「騎士」とはどのようなものなのか、ざっとおさらいしてみよう。騎士とは中世ヨーロ

ッパの騎兵戦士のこと。11世紀中ごろまでに、聖職者、農民と区別されて下級貴族として成立した。騎士という名のとおり、「馬に乗り武装して戦うもの」というのが本来の意味。幕府や藩から禄をもらっていた武士とは違い、ヨーロッパの騎士は基本的に「自腹」で働いていた。馬はもちろん、武器もすべて自分でそろえなくてはならなかったので、かなりの土地持ちでなければ従軍することすらままならなかったらしい。

　武士に仏教や神道、儒教などをバックボーンにする武士道精神があるように、騎士にもキリスト教をバックボーンとする騎士道精神がある。常に誇り高く、卑怯なことはぜったいにしない。そして、女性に優しいのが騎士道の鉄則だ。そこが武士道とは大きく異なる点かもしれない。

◆武士と侍
　武士の呼び方については「武士」のほかにもさまざまな言葉がある。古くは「もののふ」「たけき人」「いくさびと」

「ちからびと」「兵(つわもの)」「もののべ」などと呼ばれていたようだ。中世の戦闘様式が、馬に乗り弓矢を使う騎馬弓射が基本だったことから、「弓馬の士」や「弓箭(きゅうせん)の士」と呼ばれていたこともある。また、武士のほかに、「武家」や「武人」といったいい方もある。しかしいずれも武勇をもって朝廷や幕府に仕え、戦場で戦うことを役割としていた官人を意味していることに変わりはない。

　また、武士はもともと貴族の近くにいてその身辺を守っていたことから、いつからか「さぶらい＝侍」と呼ばれるようにもなった。貴人や主人に仕えるという意味の「さぶらう」という言葉からきていることはいうまでもない。

　「武家」も「武士」も「侍」もはじめは同じ意味だったが、江戸時代に入ると武家は大名クラスの武士を指し、武士は領地を持つ中級以上の武士を表し、侍は下級武士を限定するときに使われるようになった。しかし、大名の中にも自分のことを「侍」というものもあり、厳密に線引きするのは難しいようだ。

武士道はいつどのように誕生したのか

◆**武士道が生まれるまで**

　武士が日本の歴史に明確な形で登場したのは平安時代から鎌倉時代にかけてと考えられているが、それ以前にも、たとえば「もののふ」や「ますらお」と呼ばれる、古代から武勇をもって仕え、戦場で闘ってきた人たちがいた。そして、そこには「もののふの道」「ますらおの道」「弓矢取る身の習い」「弓矢の道」のような戦う者のありかたを示す"道"ができ、武士が踏み行うべき規範や社会におけるルールが形成されていった。

　「文人貴族が学問に優れ、儀式の有職故実に通暁し、朝廷官位の昇進において人に抜きんでていることをもって名誉とするのに対して、ここでは戦場において正々堂々の戦いを繰り広げ、武勲や戦功をたてることを第一の名誉としたのである」（『武士道その名誉の掟』笠谷和比古著、教育出版より）

　実際、平安時代から戦国時代にかけての武士はこうした

武家の成立とともに発生した道徳律は、武士の間に徐々に広がっていった。名を重んじ、主君への忠誠を基本とする精神主義的思想は、江戸時代に入り大成。やがて「武士道」という大きな花を咲かせる。
ここでは、「武士道」がいつどのように誕生したかに迫る。

考え方にもとづいて戦っていた。
「戦場においては一騎当千の勇猛果敢の働きをなし、傍輩と先陣を競って天晴れ敵陣への一番乗りを遂げ、名のある敵を相手にまわして一騎打ちを挑んで見事その首級を奪い取り、敵味方の見守る前で騎馬弓射の妙技を披露し、ついには主君の馬前において潔く討ち死にすることをもって最高の栄誉とみなしてきたのである」(前出より)
そうした武士特有の倫理はやがて「武道」や「士道」、「武士の道」といった言葉で表現されるようになった。しかし「武士道」という言葉は、まだそれほど一般的でなかった。

◆「武士道」の登場
「武士道」という言葉や思想が明確な形となって現れるのは江戸時代に入ってからといわれているが諸説あり、はっきりしたことはわかっていない。

前出の『武士道その名誉の掟』にはこうある。
　「『武士道』という言葉がいつごろから登場してきたかは必ずしも明確なことではないけれど、だいたい17世紀前半あたりではないかと思われる。キリシタン宣教師たちの手で16世紀末から17世紀初めにかけて編纂された『日葡辞書』は当時の日本語の語彙を確認しうる貴重な資料なのであるが、同書を閲するならば、そこには『武士道』という言葉はいまだ見られぬ反面、『Buto（武道）』という見出し語があって、それには『Buxino michi（武士の道）』という説明が施されているのを知る。〔中略〕これからして、この17世紀初頭の頃には、いまだ『武士道』という言葉は形成されていないようであるが、〔中略〕実際、武田流軍学の経典として名高い『甲陽軍鑑』は徳川時代の初期、元和年間に編纂されたと推定されているが、同書においては『武道』『男道』という言葉とならんで『武士道』という言葉が用いられていることを知るのである」
　一方、鎌田茂雄編集・解説による『禅と武道』（ぺりかん社）にはこう書いてある。
　「さて今日において、武士道という名称を踏襲するのは、実は不合理である。その昔には何らの名称もなかった。天明5年武田信玄の臣高坂弾正が、武士の心得を記して、『武道心鑑』と題した、これが名義の初めであろう。次に

武士道の権化と称される山鹿素行は、『山鹿語類』において士道といっている。大道寺友山は、その著『武道初心集』中に初めて武士道の語を用いた、それが今日慣用されているのである」

『禅と武道』によれば、「武士道」という言葉を初めて使ったのは友山ということになる。

また、ある識者はこう述べている。

「今日云うところの武士道すなわち封建武士道が整理、完成したのは徳川治世に入ってからと漠然と記したが、具体的には元禄から享保にかけてといってよかろう。元禄といえば江戸開幕から85年経っている。享保はそれからさらに30年後となる。通算すると120年歳月を要したことになる。何事によらず物事が形を換え、その形が整うまでには相当の年月を要するものである。山本常朝の『葉隠』をはじめ武士道書の今日残るものの多くはこの元禄から享保にかけて成っている」

◆明治の知識人に影響を与えた武士道

武士道は、明治の知識人たちを根底から支える精神だった。明治34年ごろ、内村鑑三もこう書いている。「余は度々思う、余にして若し貞応貞永年間に此国に生まれて来たならばさぞかし幸福であったろう。然れば余も及ばずな

がら鎌倉武士の中に加わって、少しはまじめなる日本人らしき行動を為したものを」と。

 これに対して『武士道』を翻訳した歴史学者の奈良本辰也は自著である『武士道の系譜』(中公文庫)の中でこう書いている。

「西洋に模して西洋にあらず、といって東洋の真髄を発揮することもできない中途半端な偽善が、もったいぶって横行している。そうした社会に対して内村は、『何たる不幸か此偽善政府をいただく此偽善社会に生まれ来て』と怒りのほどをぶちまけている。それにしても、彼が生きがいを感じたのは、むしろ武士道的な精神に緊張であったのではないだろうか。内村鑑三は明治のもっとも真面目なキリ

スト教徒の一人であった。その意味で、明治の思想界においてはもっともよくヨーロッパの精神に通じていた一人である。そしてそのために、空虚なる形式主義に反撥し、敬拝を拒否して第一高等学校の教壇を追われた人であった。しかし、その彼が一個の独立せる思想家として心の中に通わせたものが何であったかを思うとき、私はその伝統というものの強さを思わざるを得ない。片隅に追いやられた武士道的な精神は、むしろその追いつめられたところから、社会や政府の偽善に鋭い警告を発していたのである」

　確かに武士道の精神はキリスト教の精神とも通じる「普遍性」をその懐深くにはらんでいた。

武士道の思想のルーツは
どこからきているか

◆仏教（ぶっきょう）

　仏教は紀元前5世紀ごろ、インド北部のガンジス川流域で釈迦（本名＝ガウタマ・シッダールタ）が提唱した宗教。キリスト教、イスラム教と並ぶ世界三大宗教の一つとして知られている。仏教は釈迦の死後100年を経て、教義が発展していく過程で大乗仏教と上座部仏教に分かれた。大乗仏教の「大乗」は大きな乗り物という意味で、出家・在家の僧だけでなく、すべての人を救うという広大な教えを意味している。大乗仏教は中国大陸や朝鮮半島を経て、日本には538年（一説には552年）に伝わった。一方の上座部仏教は、出家して僧侶としての修行を重視する考え方で、南インドから東南アジアへと伝わった。

　仏教では釈迦を尊崇し、その教えを理解し、修行によって悟りを得ることで煩悩を除き、涅槃の境地に至ることを目標としている。

　仏教の中でも武士道に特に大きな影響を与えたのが禅の

武士道の理念が誕生する背景には、既存の哲学があった。新渡戸が武士道の源泉と考えたのが、仏教と神道である。道徳的は儒教の教えが基になった。儒教から派生した朱子学や陽明学の教えも、武士道に大きな影響を与えた。武士道のバックボーンとなった、仏教、神道、儒教、朱子学、陽明学とはそれぞれどのような哲学なのだろう。

教えである。禅とは梵語の Dhyâna（ジャーナ）の音訳で、静かに考えることを意味している。心身を統一し、瞑想する修行方法で、悟りに至るための実践徳目として重んじられている。仏教は武士道に、心の安らかさや平静さをもたらした。

◆神道（しんとう）

　日本列島に住む民族の間に自然発生的に誕生した日本固有の宗教。伝統的な民族信仰を基盤として成立した。教義体系は外来の仏教や儒教の影響を受けつつ立てられた。「随神の道」ともいわれる。皇室神道、神社神道、教派神道、民間神道などに大別されるが、通常は神社神道をさしていうことが多い。

　礼儀を重んじる神道の教義は、主君に対する忠誠心、先祖への崇敬、親をいたわり親につくす気持ち、すなわち孝心を武士道に与えた。

◆儒教（じゅきょう）

　儒教は中国の春秋時代（紀元前）に孔子が興した思考・信仰の体系で、東アジア各国で二千年以上にわたり強い影響力を持ってきた。学問でもあるという側面から、儒家、儒学ともいわれる。儒教の起源は紀元前にアジア一帯に流布していたシャーマニズムがその母体であるという説もある。

　儒教は孟子などの功績によって発展し、前漢の武帝が国教に定めたことから、経典が「五経」に整備された。

　日本には5世紀ごろ、王仁が『論語』を持って渡来したという記録があるが、体系的な儒教が日本に伝わったのは、513年に百済から五経博士が来日して以降のことだといわれている。

　鎌倉時代には朱子学が、江戸時代には陽明学が伝来し、幕府が朱子学を封建支配のための思想として採用し、学問の中心と位置付けたことから、各藩で講義が盛んに行われるようになった。

　新渡戸稲造の書いた『武士道』の章のタイトルにもなっている「礼」「仁」「忠義」は、儒教の教えである仁・義・礼・智・信の五常（人の行い守るべき五つの道）を意識したものであることは言を俟たない。

武士道の思想のルーツはどこからきているか

孔子（こうし）紀元前551頃〜前479頃
中国、春秋時代の思想家。釈迦（しゃか）・ソクラテス・キリストとならぶ、世界四聖(しせい)の一人。儒教を興し、個人の道徳と社会の理想を説いて後の東アジア全域に多大な影響を与える。孔子と弟子たちとの問答をまとめた書が『論語』で、儒教の経典として後世に至るまで広く愛読されている。孔子の門下からは孟子や荀子などが輩出した。

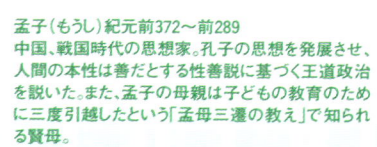

孟子（もうし）紀元前372〜前289
中国、戦国時代の思想家。孔子の思想を発展させ、人間の本性は善だとする性善説に基づく王道政治を説いた。また、孟子の母親は子どもの教育のために三度引越したという「孟母三遷の教え」で知られる賢母。

◆朱子学（しゅしがく）

中国の宋代に朱熹（朱子は尊称）がまとめた儒学の教え。それまでバラバラで矛盾を含んでいた儒教に、仏教思想の論理体系性と道教の陰陽二元論を持ち込み、儒教の体系化を図った。上下の秩序を重視し、封建制度を支えたことから中国・朝鮮・日本で国家の保護を受けた。朱子学派には林羅山や新井白石などがいる。

◆陽明学（ようめいがく）

中国の明代に、儒学者で政治家の王守仁（王陽明）が説いた儒学の一派。理論を重んじる朱子学に対して『理論と行動の一致』を主張し、実践を重視した。

日本では、江戸時代に中江藤樹が初めて陽明学を始めた。朱子学を官学とする幕府の圧迫を受けながらも広がりを見せ、幕末の志士たちの思想的バックボーンを形成したとされる。陽明学派には熊沢蕃山や大塩平八郎などがいる。

武士道の思想のルーツはどこからきているか

中江藤樹(なかえ・とうじゅ)1608〜1648 江戸前期の儒学者。独学で朱子学を学び、道徳論を展開。のちに陽明学に傾倒し、『大学』『中庸』の思想を説き、わが国における陽明学の祖と呼ばれた。

武士が武士道を学んだ一冊

◆『兵法家伝書(へいほうかでんしょ)』
　著者：柳生宗矩(やぎゅう・むねのり)

　「兵法」とは、剣を中心とした武術のことである。『兵法家伝書』は柳生新陰流の柳生宗矩が書いた剣術指南書であると同時に、優れた思索書である。

　『兵法家伝書』は、「進履橋」「殺人刀」「活人剣」の三部からなっている。このうち「進履橋」は上泉伊勢守信綱が宗矩の父柳生石舟斎宗厳に直伝した新陰流の極意を書いたもので、『兵法家伝書』の入門編といえるべきもの。これに対して、「殺人刀」と「活人剣」は宗厳・宗矩父子が長年にわたる実体験の中から会得し、体系化した技法が記されている。

　宗矩は「殺人刀」の中で、「打にうたれよ。うたれて勝つ心持ちの事」と兵法の極意を書いている。相手がこちらを斬ろうと思ってかかってきても、間合いをはかっていれば相手の刀は当たらず、相手の刀は「死に太刀」になる。

武士が武士道を学んだ一冊

昔から、武士には武士特有の規範や倫理があった。江戸時代に入ると、武士の規範や倫理は書物となり、武士の間に広まっていった。中には兵法や剣術の指南書や、源平や戦国武将の言動を記録したものもあった。
武士の間で読みつがれたベストセラーをとりあげ、彼らが目指した武士の理想像について思いをめぐらせてみよう。

　相手の刀が「死に太刀」になったとき、こちらからすかさず打ちこんで、相手の反撃を許さず打ち続けて勝つのである。
　いっぽう、「活人剣」の中で「斬られて取る」ことを新陰流の極意として伝え、自分が刀を持たなくても相手に勝つことができると説いている。
　『兵法家伝書』の特色は、武術に禅の思想や能の伝書なども加味されていることだ。宗矩は徳川家光が帰依した沢庵和尚とも親交があり、沢庵の書いた『不動智神妙録』や『太阿記』に影響を受けていた。宗矩の兵法の根本にある「敵をよせぬ心地」とは、禅の境地に匹敵する。また、父宗厳が金春七郎氏勝と親交があったことから、柳生は能の金春流とも交流があった。金春流からは能の「一足一見」という秘伝が柳生に伝えられたという。
　『兵法家伝書』が剣術指南書の枠を超え、思索書としても優れた一冊として今日まで読み継がれてきた背景には、

このようないきさつがあった。

◆『五輪書（ごりんのしょ）』
　著者：宮本武蔵（みやもと・むさし）

　地之巻、水之巻、火之巻、風之巻、空之巻の全五巻からなる兵法書。剣の達人として後世に名を遺すあの宮本武蔵が到達した兵道の心をまとめた一冊として、350年以上にわたって読み継がれてきた名著である。

　武蔵の人生は実に波乱に富んでいた。13歳で初めて人と勝負をしたときから29歳で佐々木小次郎を倒すまで、諸国をめぐりさまざまなツワモノと闘ってきたが、その間、武蔵は一度も負けたことがない。しかし、それは天性の器用さがもたらしたもので、兵法を磨き、道を極めてそうなったものではなかった。そこで30歳を過ぎた武蔵はそんな自分の来し方を反省し、兵法のより深い道理を得るため、朝夕鍛錬を重ねるに至る。こうして兵法の道をようやく会得したとき、武蔵は50歳になっていた。

　その後も「兵法の利（理）」にまかせて、諸芸・諸能に励んだが、武蔵自身「すべてにおいて師匠はいなかった」と述べているとおり、何もかもがオリジナルだった。武蔵は仏教にも儒教にもよらず、またこれまでの軍記や軍法の書にも範をとらず、ただ「天道」と「観世音」を鑑とした

真実の道を『五輪書』に書きあらわそうとした。

　武蔵の兵法の特徴は、刀を二本もつ二刀流。彼は自らの兵道を「二天一流」と名づけた。『五輪書』には「二天一流」と名づけた理由や兵法の極意などが地之巻から空之巻まで順を追って記されている。

◆『甲陽軍鑑（こうようぐんかん）』
　著者：小幡景憲（おばた・かげのり）

　武田信玄の事績や軍法、甲州武士の心構えなどを書いた全二十巻からなる大著で、武田流（甲州流）軍学の教典ともいうべき書。武士道書というよりは軍学、兵法の書として知られている。上杉謙信や織田信長、徳川家康といった当時の代表的な戦国大名の合戦のあり方や言行なども記されており、武士の教養書として多くの人々に影響を与えた。

　『甲陽軍鑑』は武田信玄の武将である高坂弾正昌信が天正年間に綴ったという説もあるが、実際は元和年間（1615〜24）に、武田旧臣の流れをくむ小幡勘兵衛景憲の手によって編纂されたものと考えられている。

　『甲陽軍鑑』でもっとも注目すべきは、喧嘩両成敗法を批判している点だ。喧嘩両成敗法は、武士の間にもしも諍いが起きた場合、理非を論ぜず双方を成敗するというきまり。武士同士がむやみに喧嘩をしないようにと考えてつく

られた法だが、このような決まりがあると相手に侮辱されようが名誉を傷つけられようが、相手に立ち向かう武士はいなくなってしまう。

プライドを持って行動すべき侍の本分から外れた、いわば"事なかれ主義"にすぎず、こうした臆病な武士はいざというときも主君のために十分な働きをすることはできない。また、逆に侍の道を外れまいとして意地を通せば今度は法に背くことになる。このように、徳川時代の武士にとって大きな問題だったのが、相反する武士道と法をどのように両立させ、行動するかということだった。そうした二律背反のディレンマが、武士道の思想をより深化させるきっかけとなったとする歴史学者の意見もあり、興味深い。

このほかにも同書では武士を4段階にクラス分けしたり、国を滅ぼし家を破る4種類の大将について論じたりしている。

武士の4段階とは、「剛強にて分別才覚ある男（上の武士で100人中に2人ぐらいしかいない）」「剛にて機のきいたる男（中の武士で100人中6人ほど）」「武辺の手柄を望み、一道にすく男（下の武士で100人中12人）」「人並の男（100人中の80）」という具合。

一方の国を滅ぼし家を破る大将とは、「馬鹿なる大将」「利根（＝賢い性質）過ぎたる大将」「臆病なる大将」「つ

よ過ぎたる大将」の4タイプ。武士をサラリーマン、大将を経営者にあてはめてみると、今でも十分通用しそうな話である。

◆『山鹿語類（やまがごるい）』
著者：山鹿素行（やまが・そこう）

『山鹿語類』は山鹿素行が門人に編集させた書で、彼が著したあまたの兵法書の中でも集大成というべき大全集である。

彼が『山鹿語類』を著した時代、世はまさに天下泰平のまっ只中にあった。もはや武士には戦いを職業とする勇ましい姿は微塵もなく、「武」をもって主君を守るという本来の分を離れ、実態は幕府の行政官、すなわち公務員のような存在にすぎなかった。そんな時代にあって、素行の一番の関心事は泰平の世における武士の存在理由だった。

素行は実戦に即した戦術論から一歩抜け出し、『山鹿語類』の中で泰平の世における武士の役割とは何かを論じ、その職分や心構えについて述べている。

すなわち、「つねに自分を顧み、主人を得て奉公の忠を尽くし、同朋と交際して信を厚くし、独り身を謹んで義をつらぬく」という、忠、信、義の人倫の道を説いたのである。それには武士がまず世の中の模範となり、そのために

は剣術や弓馬といった武術を磨くことはもとより、文道も修め、文字通り「文武両道」をわきまえ自らを高めなければならないと書いた。

◆『葉隠(はがくれ)』
　著者：山本常朝(やまもと・つねとも)
　　　　田代陣基(たしろ・つらもと)

「武士道というは死ぬことと見つけたり」という一文で知られ、かの三島由紀夫が学生時代から愛読し影響を受けたといわれる書。この一文には次のような文章が続き、そこには常朝が強調する葉隠武士道のエッセンスがこめられている。

「二者択一の場に遭遇したときは、死ぬ確率の高い方を選べ。それは難しいことではない。腹をすえて進め。(中略)もし武士が生き延びる道を選択した場合、うまく生き残ったとしてもそれは【腰抜け】になってしまう。しかし、選択を誤りもし死んでしまったとしても、それは恥にはならない。これが武士道でもっとも大切なところである。毎朝毎夕、常に死ぬ覚悟をしていれば自由な境地に達し、家職をまっとうすることができるだろう」

生への未練を断ち切り、死んだ気になれば職務をまっとうできる……この一説を読む限り、葉隠武士道がよく言わ

れているように、むやみに死を強要するものではないことが理解できる。むしろ『葉隠』は、武士が恥をかかずに生き抜いて、最後まで勤め上げるための心構えを記した書と考える方がふさわしい。

　『葉隠』は、佐賀藩士の田代陣基という武士が隠居していた山本神右衛門常朝のもとを訪れ、常朝が語った佐賀藩鍋島家の武士の心得の数々を口述筆記したものである。陣基は常朝から教訓や古人の遺訓のほかに歴史伝説や実話物語、人物評などを聞き、自分で調べた記録などを加えて巻別に整理し、六年半にわたり全十一巻の全集にまとめた。しかし、十一巻のうち常朝自身の言葉であることが確かなのは聞書一と二（一巻と二巻）のみであるとされ、残りは鍋島家歴代藩主や他家の武士たちの逸話集になっている。

◆『武道初心集（ぶどうしょしんしゅう）』
著者：大道寺友山（だいどうじ・ゆうざん）

　上中下三巻、全四十四条。巻頭の「総論」の書き出しには、「武士たるもの、元日の朝に雑煮の餅を祝うときからその年の大晦日の夕べに至るまで、毎日毎晩、死を常に覚悟しておくことを一番重要な心構えとすべし」とある。『葉隠』の「毎朝毎夕、常に死ぬ覚悟をすべし。生への未練を断ち切り、死んだ気になれば、家職をまっとうするこ

とができる」という一節と、図らずもよく似ている。武士にとってもっとも大事なことは、死の覚悟であると説いている点など、『葉隠』と考え方がぴったり重なっている。それもそのはず、二つの書が書かれたのはほぼ同時代で、著者も同世代。それゆえ、『武道初心集』を『異本葉隠』と見る学者もいるほどだ。

　だが、『葉隠』との相違点も多い。『武道初心集』では「義」こそ武士道の本質あるいは中核をなすものであり、「義」の実践こそが武士道の根本であると論じている点である。そして、主君の恩の深さを知り、主君への忠義や奉公に励むことこそ、泰平の世に生きる武士の役割であるとも説いている。『武道初心集』は幕末になってその評価がさらに高まり、水戸の徳川斉昭(なりあき)の愛読書となった。

◆『常山紀談（じょうざんきだん）』
　著者：湯浅常山（ゆあさ・じょうざん）

　『常山紀談』は湯浅常山が書いた全二十五巻からなる書。戦国の世であった天文・永禄のころから江戸時代初期に至

武士が武士道を学んだ一冊

る名将勇士の逸話や言行、当時の風俗や時代の空気などをまとめたものである。とはいえ、すべてが常山のオリジナルというわけではなく、すでに書物となっていたものや常山が人から聞いて書きとめておいたものを時代順に並べ、文章を読みやすいように書き直したものである。常山が『常山紀談』を書き始めたのは32歳のとき。しかし、その完成には実に30年の歳月を要している。

　『常山紀談』に出てくる武将の言動は江戸時代の武士たちの理想像になっており、彼らはその言動を手本にして学んでいた。江戸時代の武士にとって、『常山紀談』に出てくる武士はそれだけ身近な存在だったのだろう。興味深いのは、常山自身が「昔の武士たちは風雅を尚び、義を尊（たっと）び、節操を重んじた。（中略）しかし戦国の武士は、ただ利益や名声を得るために動いていたようだ」と、源平時代と戦国時代の武将たちを比較して「昔は良かった」と評している下り。古いものほど美しく思えてしまうのは、今も昔も変わらないようだ。

（了）

【参考文献】
『いま新渡戸稲造「武士道」を読む』志村史夫著　三笠書房知的生きかた文庫
『国際人新渡戸稲造』松下菊人　ニューカレントインターナショナル
『「個人」の探求』河合隼雄編著　ＮＨＫ出版
『切腹の歴史』大隈三好　雄山閣出版
『禅と武道』鎌田茂雄編集・解説　ぺりかん社
『新渡戸稲造』新渡戸稲造　日本図書センター
『新渡戸稲造』松隈俊子　みすず書房
『新渡戸稲造の信仰と理想』佐藤全弘　教文館
『『葉隠』の武士道』山本博文　ＰＨＰ研究所
『武士道解題』李登輝　小学館
『武士道その名誉の掟』笠谷和比古　教育出版
『武士道の系譜』奈良本辰也　中央公論社
『武士道のことが面白いほどわかる本』山本博文　中経出版
『武士道の歴史１〜３巻』高橋富雄　新人物往来社

本書は小社より刊行された『ビジュアル版対訳武士道』を、文庫収録にあたり改筆・再編集のうえ、改題したものです。

知的生きかた文庫

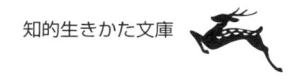

英語と日本語で読む「武士道」
えいご　にほんご　よ　　ぶしどう

著　者	新渡戸稲造（にとべ・いなぞう）
訳　者	奈良本辰也（ならもと・たつや）
編　者	新渡戸稲造博士と武士道に学ぶ会 （にとべいなぞうはかせとぶしどうにまなぶかい）
発行者	押鐘太陽
発行所	株式会社三笠書房 〒102-0072　東京都千代田区飯田橋3-3-1 https://www.mikasashobo.co.jp
印　刷	誠宏印刷
製　本	若林製本工場

ISBN978-4-8379-7771-1 C0130
©Eisuke Naramoto, Junko Kawashima, Printed in Japan

本書へのご意見やご感想、お問い合わせは、QRコード、
または下記URLより弊社公式ウェブサイトまでお寄せください。
https://www.mikasashobo.co.jp/c/inquiry/index.html

＊本書のコピー、スキャン、デジタル化等の無断複製は著作権法上での例外を除き禁じ
られています。本書を代行業者等の第三者に依頼してスキャンやデジタル化することは、
たとえ個人や家庭内での利用であっても著作権法上認められておりません。
＊落丁・乱丁本は当社営業部宛にお送りください。お取替えいたします。
＊定価・発行日はカバーに表示してあります。

「知的生きかた文庫」の刊行にあたって

「人生、いかに生きるか」は、われわれにとって永遠の命題である。自分を大切にし、人間らしく生きよう、生きがいのある一生をおくろうとする者が、必ず心をくだく問題である。

小社はこれまで、古今東西の人生哲学の名著を数多く発掘、出版し、幸いにして好評を博してきた。創立以来五十余年の星霜を重ねることができたのも、一に読者の私どもへの厚い支援のたまものである。

このような無量の声援に対し、いよいよ出版人としての責務と使命を痛感し、さらに多くの読者の要望と期待にこたえられるよう、ここに「知的生きかた文庫」の発刊を決意するに至った。

わが国は自由主義国第二位の大国となり、経済の繁栄を謳歌する一方で、生活・文化は安易に流れる風潮にある。いま、個人の生きかた、生きかたの質が鋭く問われ、また真の生涯教育が大きく叫ばれるゆえんである。そしてまさに、良識ある読者に励まされて生まれた「知的生きかた文庫」こそ、この時代の要求を全うできるものと自負する。

本文庫は、読者の教養・知的成長に資するとともに、ビジネスや日常生活の現場で自己実現できるよう、手助けするものである。そして、そのためのゆたかな情報と資料を提供し、読者とともに考え、現在から未来を生きる勇気・自信を培おうとするものである。また、日々の暮らしに添える一服の清涼剤として、読書本来の楽しみを充分に味わっていただけるものも用意した。

良心的な企画・編集を第一に、本文庫を読者とともにあたたかく、また厳しく育ててゆきたいと思う。そして、これからを真剣に生きる人々の心の殿堂として発展、大成することを期したい。

一九八四年十月一日

押鐘冨士雄

知的生きかた文庫

日本は外国人にどう見られていたか
「ニッポン再発見」倶楽部

幕末・明治期に日本にやって来た外国人たちは、何を見、何に驚き、何を考えたのか? 彼らが残した膨大な文献のなかから、興味深い記述を厳選紹介!

地図で読む日本の近現代史
「歴史ミステリー」倶楽部

なぜ日本は領土問題を多く抱えているのか? なぜ日本国憲法は戦争を放棄したのか?——日本の近現代史を知れば、ニュースがより深く理解できる!

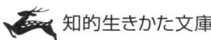

地図で読む幕末・維新
「歴史ミステリー」倶楽部

教科書では絶対に伝わらない、最高に熱く濃密な「この時代」の魅力を、地図情報とチャートで多角的に再現! こんなにもわかりやすい「幕末・維新」!

地図で読む日本の歴史
「歴史ミステリー」倶楽部

こんな「新しい視点」があったのか! 市街地図、屋敷見取り図、陣形図……あらゆる地図を軸に、日本史の「重大事件」に迫る! 歴史の流れがすぐわかる!

書き替えられた日本史
「歴史ミステリー」倶楽部

鎌倉幕府の成立は1192年ではない? 聖徳太子の事績は虚構!? 最古の貨幣は「富本銭」? ……いつの間にか変わった「日本史の常識」を徹底解説!

知的生きかた文庫

今こそすべての日本人に読んでほしい本

サムライはなぜ、これほど強い精神力をもてたのか?

新渡戸稲造【著】　奈良本辰也【訳・解説】

武士道

Bu-shi-do means literally Military-Knight-Ways— the ways which fighting nobles should observe in their daily life as well as in their vocation; in a word, the "Precepts of Knighthood," the noblesse oblige of the warrior class.

●なぜ海外でこれほどまでに読み続けられるのか!

——日本人の精神の基盤は武士道にあり!

武士道の光り輝く最高の支柱である「義」、人の上に立つための「仁」、試練に耐えるための「名誉」——本書は、強靱な精神力を生んだ武士道の本質を見事に解き明かしている。武士は何を学び、どう己を磨いたか、これを知ることはすべての現代人にとって重要である。英文で書かれ、欧米人に大反響を巻き起こした最高の名著を、奈良本辰也が平易な文体で新訳。

本書に優る"日本精神の救済"はない!

勇　いかにして肚を鍛磨するか

礼　人とともに喜び、人とともに泣けるか!

誠　なぜ「武士に二言はない」のか?

忠義　人は何のために死ねるか

武士道の遺産から何を学ぶか

三笠書房 単行本

人は、学び続けなければならない

学問のすゝめ

福沢諭吉 [著]

檜谷昭彦 現代語訳・解説

没後100年、この本が読まれ続けているのには理由がある!

たとえ1時間でも人生を無駄にしたくない人へ——
この福沢実学ほど、「読んで実になる」勉強法はない!

◎なぜ、いまなお『学問のすゝめ』はこんなにも新鮮なのか!

この本には、抽象論は一つもない。すべて、現在および未来への具体的・実践的提言である。たとえば、時に孔子・孟子さえも容赦なく切り捨て、今川義元とナポレオン三世の「部下の質」を問題にして危機管理力をズバリ説いてみせる。抽象論は役に立たない。福沢"実学"に勝る人生勉強はない。

「実生活」に役立つ勉強を最優先すれば一生困らない!

■運命はこの"努力ができる人"に必ず味方する
■大きくなるには「ものが言える人」になれ
■これが自分の見識を高める「議論とスピーチ」法
■他人の迷惑にならない「欲望」はすべて善だ
■"精神の独立"を守るためにも金は賢く生かせ
■明日に希望が持てる生き方を今日しておけ

知的生きかた文庫

S.スマイルズ 著
竹内均 訳
東大名誉教授

スマイルズの世界的名著

自助論

人生を最高に生きぬく知恵

◎『学問のすゝめ』とともに日本人の向上心を燃え上がらせてきた名著中の名著!

「天は自ら助くる者を助く」——
この自助独立の精神にのっとった本書は、刊行以来今日に至るまで、世界数十カ国の人々の向上意欲をかきたて、希望の光明を与え続けてきた。
『向上心』と並ぶスマイルズの二大名著!

この名著は、「何かやりたい!」と、うずうずしている人へ最高のアドバイザー!

■この「一日十五分の"やりくり"」が人生の明暗を分ける!
■倒れるたび力をつけて立ち上がる人の"エネルギー充電法"
■"チャンス"をことごとく生かしていく人の「次の一手」
■「よい忠告」よりも「よい手本」を探せ!
■努力が苦手な人でも、たったこれだけで努力をするのが楽しくなる!
■人からの"アドバイス"はこう受けるのが正しい
■成功者がみんな生かしているこの「実務能力」とは?

C10007